Jacques BOUSQUET et Henri FALK

Gosse de Riche

COMÉDIE MUSICALE EN 3 ACTES

Musique de
Maurice YVAIN
Mise en scène d'Edmond ROZE

Représentée pour la première fois au THÉATRE DAUNOU, à Paris
le 2 Mai 1924

Direction . . . . . Mme Jane RENOUARDT
Administrateur Général M. G. LETEURTRE
Chef d'Orchestre . . Pierre CHAGNON

ÉDITIONS FRANCIS SALABERT

22, Rue Chauchat, PARIS (9e)
13, Rue de Loxum, BRUXELLES

Jacques BOUSQUET et Henri FALK

GOSSE DE RICHE

COMÉDIE MUSICALE EN 3 ACTES

Musique de

Maurice YVAIN

Brochure complète :

4 francs net

ÉDITIONS FRANCIS SALABERT

PARIS, 22, Rue Chauchat - 13, Rue de Loxum, BRUXELLES

PERSONNAGES

	Mmes
Baronne SKATINKOLOWITZ, la belle cinquantaine	Jeanne Cheirel
COLETTE PATARIN, 18 ans, fille de Patarin. .	Alice Cocéa
SUZANNE PATARIN, femme du même	Jeanne Loury
NANE, 23 ans, maîtresse du même	Christane Dor
GERMAINE, femme de chambre.	Sergys
	MM.
ACHILLE PATARIN, cinquante ans	Vilbert
ANDRÉ SARTÈNE, vingt-cinq ans	Henry Defreyn
LÉON MÉZAIZE, quarante ans.	Louis Blanche
HUBERT, domestique	Hubert

Le Premier Acte dans l'atelier d'André. Un cinquième étage à Montmartre. Ameublement très moderne. A gauche, premier plan, verrière prenant vue sur la rue. A gauche, pan coupé, portière s'ouvrant sur une chambre. Au fond, alcôve. A droite, porte.

Le Deuxième Acte dans le manoir breton de la Baronne Salon de style rustique qui s'ouvre, par une large baie, sur le jardin ensoleillé. Portes à droite et à gauche.

Le Troisième Acte dans le même décor que le premier.

Pour la mise en scène détaillée s'adresser au Théâtre Daunou, à Paris.

PREMIER ACTE [1]

SCÈNE PREMIÈRE

ANDRÉ, *puis* NANE

(A l'orchestre, en sourdine, un motif de valse. André met le couvert pour un tête-à-tête matinal et surveille deux petites casseroles sur un réchaud. Le tout assez maladroitement. Peu à peu, gagné par le rythme, il fredonne.)

ANDRÉ

Ah! quel tintouin! Mais quand on reçoit
Chez soi,
Chez soi,
Sa p'tit' amie... Flût'! Je m'brûl' les doigts
Un' fois...
Deux fois...
Trois fois!...
Quand on traite

(1) N. B. Les passages [] peuvent être supprimés à la représentation.

Sans soubrette,
Dans son humble studio,
Une belle
Point rebelle,
Et que l'aub' vous surprit au dodo,
Faut êtr' Vatel après Roméo...
C'est chaud,
Bravo !
... Car à la nuit succède le jour
Et l'appétit à l'amour.

NANE, *couchée dans l'alcôve*

Quelle heure est-il ?

ANDRÉ

Je crois bien, mon cher ange,
Qu'il est onze heur's...

(Consultant sa montre).

Onze heur's cinq, s'il vous plaît !

NANE, *presque parlé*

Oh ! nom de Dieu !

ANDRÉ

Hein, Madame ? Qu'entends-je ?
Je n'vous dirai plus jamais l'heur' qu'il est.

NANE

Le chocolat ?...
... vaut la pein' qu'on s'dérange,

ANDRÉ

Mais j'te préviens qu' c'est du café au lait.
Allons, grouill'-toi!

NANE, *se levant*

Me voici, j'accours...
Bonjour !

ANDRÉ

Bonjour!
Assieds-toi là... Monsieur a servi...
On dit?...

NANE

Merci
Merci!

ANDRÉ

Un' beurrée
Préparée ?
Un puits d'amour, un baba ?

NANE

Non, je cherche...
Où donc perche
Le sucre?... Ah! là...

(Elle prend le sucrier).

ANDRÉ

Non, c'est mon tabac.

(Lui offrant le sucre qui se trouve dans une boîte à biscuits).

Il est en poudre, hé oui! mais au fond
Ça fond...

NANE

Ça fond?

ANDRÉ

Beaucoup plus vit' que l'sucre cassé
Que d'vait m'livrer l'épicier.

(Quelqu'un frappe à la porte).

NANE, *saisie*

On a frappé!

ANDRÉ

N'nous frappons pas!

NANE

Tu vas ouvrir?

ANDRÉ

Oui, de ce pas.
N'prends pas cet air empoisonné!

NANE

Mais si c'était?...

ANDRÉ, *olympien*

Il eût sonné.

(Il va à la porte et disparaît un instant. Un concierge invisible lui remet des fleurs, des journaux, un sac de fruits et un sac de sucre. Rassurée, Nane reprend place à table).

ANDRÉ, *redescendant, les bras chargés de paquets*

Voici des fleurs, des *feuill's* et des fruits,
Et puis
Voici
Du sucre qu'on concassa pour vous...
C'est fou!

NANE

C'est fou!

ENSEMBLE

C'est fou!
Mais la fête
Est complète!
Poursuivons notre festin,
Bien modeste
Breakefeste,
En chantant un hymne au clair matin!
Enivrons-nous de café au lait,

(La soucoupe heurtée du coude comme un tambour de basque).

Ollé!
Ollé!
Puisque à la nuit succède le jour
Et l'appétit à l'amour!

(Un temps. Ils boivent).

ANDRÉ, *parlé*

Alors, ça va?

NANE, *la bouche pleine*

J'avais une de ces faims!

ANDRÉ, *quêtant les compliments*

Le café est bon, hein?

NANE

Un peu clair.

ANDRÉ

Oui, mais quel arôme! Et ce lait, crois-tu, ce lait!! (*En confidence.*) C'est du cacheté. Avoue que pour un artiste peintre, je sais recevoir...

NANE

Idiot, va!... Embrasse-moi.

ANDRÉ

Non.

NANE

Comment, non?

ANDRÉ, *désignant le portrait de Patarin*

Pas devant Patarin! Je te jure... ça me gêne affreusement de le sentir là qui nous regarde.

NANE, *haussant les épaules*

Ça te gêne! Ça te gêne!! D'abord c'est moi que ça devrait gêner : c'est pas ton amant, c'est le mien.

ANDRÉ

Oui... Enfin, tu n'éprouves aucun malaise à me voir accepter la clientèle d'un monsieur qui... je cherche une périphrase...

NANE

... Qui m'entretient? Non, aucun... Primo, c'est pas par moi que tu l'as eue, sa clientèle, c'est par la Baronne Skatinkolowitz. Deuxio, quand la baronne te l'a amené, tu ne savais pas ce qu'il m'était.

ANDRÉ

Quoi?

NANE

Enfin... ce qu'il était pour moi. Troisio, si tu as tant de scrupules que ça... fais-lui en cadeau de son portrait.

ANDRÉ

Que tu es bête!... D'abord... il y a la baronne. Tu oublies que je lui dois 20 % de commission, à la baronne.

NANE

20 %!... Une paille!

ANDRÉ

Écoute, mon petit, il est onze heures et demie. Patarin doit venir avant midi pour sa dernière séance...

NANE

Je sais.

ANDRÉ

Tu sais? Alors, tu ne crois pas que tu devrais te dépêcher un peu?

NANE

Je ne fais que ça. (*Tout en s'habillant*) 20 % ! Ah ! tout de même... Elle n'y va pas avec le dos de la cuiller, la bonne dame !.. Oh ! je la connais : c'est par elle que je l'ai eu.

ANDRÉ

Que tu as eu quoi ?

NANE

Patarin... Flûte ! Qu'est-ce que j'ai fait de mes bas ?... Hé bien, cherche-les au lieu de pas me répondre. (*Tous deux explorent l'atelier*). Je t'ai jamais raconté ?... Ça vaut la peine... Faut te dire que j'avais été en rapports avec elle pour un collier qu'elle avait à vendre... qui venait d'une grande duchesse de famille royale... Une occasion épatante... Tu ne les trouves pas ?

ANDRÉ

Non.

NANE

Même que je le lui avais acheté, le collier, cent mille et que j'avais pas tout à fait fini de le lui payer... Oh ! je lui redevais peut-être 90.000... quand brusquequement, mon ami me plaque, sous prétexte que je le trompais avec un gigolo... Ah ! je les tiens ! (*Tirant ses bas de la poche de son pyjama*). Je les avais mis là pour faire pochette de soie... Me voilà embêtée... La

Baronne aussi... Alors elle m'invite à une soirée chez elle... tout ce qu'il y a de chic : larbins en culotte de panne, souper par petites tables, poker à vingt francs de relance, un ancien ministre, des hommes de la haute et, comme poules, rien que des artistes des subventionnés.

ANDRÉ

Et Patarin.

NANE

Et Patarin, comme de juste, qui faisait ses débuts dans le monde.

ANDRÉ

Dans quel monde!

NANE

On a parlé théâtre dans un petit salon tous les deux tout seuls pendant une heure... Huit jours après, le collier était payé.

ANDRÉ

J'ai compris.

NANE, *prenant l'appareil téléphonique*

Allo!...

ANDRÉ

Allons bon ! Qu'est-ce que tu fais?

NANE

C'est visible : je téléphone.

ANDRÉ

Mon petit, onze heures et demie !

NANE

J'en ai pour une minute. Allo ! Passy 89-37.

ANDRÉ

Tu demandes ton numéro ?

NANE

Tais-toi... (*A l'appareil*). Oui, Mademoiselle... Ah ! c'est vous, Yolande ?... Monsieur n'a pas encore téléphoné ?... Parfait !... Écoutez bien (*D'un trait et sans inflexion) :* « Je suis dans mon lit. J'ai rêvé de toi mon coco ».

ANDRÉ

Quoi ? Qu'est-ce que tu racontes ?

NANE, *à André*

Tais-toi donc ? (*A l'appareil, après avoir écouté*). C'est ça, vous y êtes... Bravo, Yolande !

ANDRÉ

Qu'est-ce que c'est que cette Yolande ?

NANE

Ma femme de chambre. Quand elle téléphone, on jurerait ma voix. Alors, quand je suis dehors, et que je ne veux pas qu'on le sache, elle répond comme si c'était moi... (*A l'appareil*). Oui, j'explique au gosse... Ah !

au fait!... Coco part ce soir pour un mois... (*A André*). Invité dans le château de la baronne avec sa dame et sa petite demoiselle.

ANDRÉ

Je sais.

NANE

Ce qu'on va s'en payer, tous les deux! (*A l'appareil*). Alors, tristesse, hein?.. Oui, forcément... quatre, heures... pas plus tôt... Tâchez de couper au déjeuner d'adieux... Fatiguée, morte de fatigue! Merci, Yolande... (*Regardant André*). Je lui transmettrai vos félicitations. (*Elle raccroche le récepteur*).

ANDRÉ

Ah! ce que tu peux manquer de discrétion avec moi!... Et mon amour-propre, qu'est-ce que tu en fais?

NANE

Ça va... ça va... c'est une maladie de riche, l'amour-propre : t'en auras plus tard, quand tu seras de l'Institut. En attendant, nous voilà en tête-à-tête avec un beau mois de vacances... Et youp là! A nous la grande vie! — comme disait maman, quand le Président de la République partait en voyage.

ANDRÉ *stupéfait*

Ta mère était avec le Président de la République?

NANE

Non, mais papa faisait partie de la Sûreté politique : il était de tous les déplacements présidentiels... Pour commencer, demain, on va à la campagne.

ANDRÉ

Tu n'y penses pas ! Si on nous rencontrait ! Dis-donc, tu es bien sûre que la Baronne ne se doute de rien ?

NANE

Entre toi et moi ?.. De rien. Elle est rusée, la baronne, mais elle n'est pas fine.

ANDRÉ

Où en es-tu ?

NANE

Je me chausse. T'as pas une corne ?

ANDRÉ, *lui tendant une cuiller*

Pur métal anglais. Dépêche-toi.

NANE, *se chaussant*

A propos... Et ta femme mariée ?.. Pas de nouvelles ?

ANDRÉ

Quelle femme mariée ?

NANE

La petite femme mariée à qui tu as fait du boniment, l'autre soir, chez le bistrot de la Place du Tertre.

ANDRÉ

Ah! Je n'y étais plus du tout.

NANE

Oh! ça te va bien de jouer l'innocence! Avec ça que tu n'étais pas fier comme Artaban, de venir me raconter ta conquête!

ANDRÉ

Mais ce n'est pas une conquête! Je te répète pour la millième fois que cette dame....

NANE

...Etait seule à sa table, que tu étais seul à la tienne, qu'elle t'a trouvé joli garçon et qu'au dessert... elle se jetait dans tes bras.

ANDRÉ

Tu es stupide. Elle avait entendu prononcer mon nom par un copain... et, justement, l'avant-veille, elle avait admi... (*Se reprenant*) elle avait vu une toile de moi chez un marchand... Ça l'a amusée de me connaître... On a parlé peinture, elle a débiné des confrères à moi... Enfin, ç'a été très gentil, sans plus.

NANE

Tu l'as revue?

ANDRÉ

Non.

NANE

Jure-moi que tu ne l'as pas revue.

ANDRÉ

Je te jure que je ne l'ai pas revue.

NANE

Mais tu le regrettes.

ANDRÉ

Non.

NANE

Jure-moi que tu ne le regrettes pas.

ANDRÉ, *excédé*

Je te jure que je ne le regrette pas, là, mais ce que je regrette, par exemple, c'est de t'avoir raconté cette histoire !

NANE

Tu me l'as racontée parce que tu avais peur que je l'apprenne par un autre. D'ailleurs, je m'en fous, de ton aventure !

ANDRÉ

Eh ! bien, alors, n'en parlons plus.

NANE

Une femme mariée ! Tu penses comme une femme mariée serait allée dîner toute seule, dans un caboulot de Montmartre ! C'est une grue, ta femme mariée.

ANDRÉ

Bon, mettons.

NANE

Ah! ne la défends pas, surtout!... J'espère qu'il te reste assez d'éducation pour savoir qu'un galant homme ne défend jamais une femme devant une autre. (*Coup de sonnette.*) Zut! On a sonné! C'est lui?

ANDRÉ

Attends. (*Il va à la fenêtre*). Oui, voilà son auto en bas : c'est Patarin.

NANE

Voilà, c'est Patarin! Et toi qui me racontes des bobards au lieu de me laisser m'habiller! Je vais pouvoir sortir sans qu'il me voie, au moins?

ANDRÉ

Espérons-le, mais pas d'imprudence.

NANE

T'as peur que je te reste sur les bras?

ANDRÉ

Veux-tu que je lui dise que tu es là?

NANE

Et après? C'est toi qui m'entretiendras?

(*Elle hausse les épaules et disparaît derrière la portière*).

ANDRÉ, *seul, tout en rangeant les objets en désordre.*

Est-elle charmante ou assommante?... Si je me le demande, c'est qu'elle doit être assommante... D'un autre côté si elle est assommante et si je reste avec elle, c'est qu'elle doit être charmante... C'est curieux comme il est plus facile de se faire une opinion sur les maîtresses de ses amis que sur la sienne...

(La sonnette ayant retenti une seconde fois, il est allé ouvrir).

SCÈNE II

ANDRÉ, NANE (*cachée*) PATARIN

ANDRÉ, *ouvrant la porte*

Excusez-moi, Monsieur, je vous ai fait attendre... mais c'est le jour de congé de ma femme de ménage.

PATARIN, *en complet veston, faux chic*

Aucune importance, mon cher, aucune importance. Nous savons ce que c'est qu'un intérieur d'artiste. Alors, le chef-d'œuvre?

ANDRÉ

Achevé. (*Voyant le sac de Nane sur un meuble*). Zut! son sac.

(*Il le met en poche*).

PATARIN

En effet : je vois la signature. La baronne Skatinkolowitz me confiait tout dernièrement que si votre production se tarissait soudain, par suite de décès par exemple, vos tableaux prendraient une grosse plus-value.

ANDRÉ

J'espère même que sans ça...

PATARIN

Tiens, moi aussi ! Car vous avez l'air robuste, soit dit sans reproche. Ah ! pardon, j'aperçois là le téléphone... Voulez-vous me permettre ?...

ANDRÉ

Mais bien sûr. L'annuaire ?

PATARIN

Inutile, je connais le numéro. (*A l'appareil.*) Allo, mademoiselle... Passy 89-37 (*A André*). C'est une petite parente que j'ai...

ANDRÉ

Ah ! oui ?

PATARIN

Une petite parente de passage... Alors, je prends de ses nouvelles.

ANDRÉ

Je ne vous offre pas de vous laisser : on entend de partout.

PATARIN

Oh ! du reste... il n'y a rien de confidentiel. Allô ! 89-37 (*Nane reparaît, se cache derrière André et écoute*). Voulez-vous prévenir madem... ? Comment, c'est toi, mon chou ? (*Nane fait signe que oui.*) Bonjou, bonjou ! (*Nane répète « bonjou, bonjou », à la muette. André, du geste, lui recommande la prudence*). Encore au lit ? Oh ! la petite paresseuse !... Non, c'est vrai ? Tu as rêvé de... (*Emu*) Moi aussi. (*A André, malgré lui*) Elle a rêvé de... (*A l'appareil*). Moi aussi... C'était bon ? (*Nane hoche la tête de la façon la plus affirmative*). Hélas ! oui... je pars toujours ce soir. (*Nane mime de la main le geste : « Chic »*).

ANDRÉ, *bas à Nane*

Ne claque pas, hein !

PATARIN

Ça te fait de la peine, mon pauvre chou... Dame, un mois, c'est long ! (*Sa voix se navre mais son visage resplendit de joie*). Oh ! tant de peine que ça ?... Eh bien... je ne voulais rien te dire...mais je te prépare une surprise.

NANE, *malgré elle*

Un surprise ? (*André la repousse vivement dans sa cachette*).

PATARIN

Oui. (*A André*). Vous avez là un appareil excellent.

ANDRÉ

Ça dépend des moments.

PATARIN, *à l'appareil*

Oui, une belle surprise dont tu me diras des nouvelles... (*Un petit temps. Légèrement vexé*) Ah! ben... au moins, tu n'es pas curieuse !

NANE *qui a reparu aussitôt et que le défaut de curiosité de Yolande agace*

Mais si !

ANDRÉ *bas à Nane*

Un cadeau, probablement.

PATARIN, *à l'appareil*

Non, pas un cadeau... Mieux, beaucoup mieux qu'un cadeau! (*Grimace sceptique de Nane*). Veux-tu que nous déjeunions ensemble? D'ici là, j'aurai vu la Baronne : ça dépend d'elle. Oh! trop fatiguée ? Quatre heures? (*Nane maudit sa camériste*). Tu n'es pas plus pressée que ça de savoir?

NANE, *bas*

Oh! qu'elle est bête!

PATARIN

Si?... Je t'enverrai un mot... ou la baronne, dès que je serai fixé. A tout à l'heure, (*Appuyant*) ma chère enfant. (*Il raccroche. A André*). C'est une petite parente...

ANDRÉ

Oui, parfaitement.

PATARIN

Naturellement, ne parlez pas de ce coup de téléphone à ma femme.

ANDRÉ

Mais je n'ai pas l'honneur de connaître madame Patarin.

PATARIN

C'est qu'elle doit venir tout à l'heure pour voir mon portrait... et comme elle est extrêmement jalouse... enfin, qu'elle est au plus mal avec cette petite parente... Alors... je préfère...

ANDRÉ

Inutile d'insister... J'ai compris.

PATARIN

Merci. (*Tirant son portefeuille*). Au fait, je vous ai apporté la petite somme : en un chèque au porteur... Ça va ?

ANDRÉ

Ça va. (*Nane se montre à lui tout habillée*). Bon, bon, voilà !

PATARIN

Quoi ?

ANDRÉ

Quoi ?

PATARIN

Vous avez dit : « Bon bon voilà ! »

ANDRÉ

J'ai dit : « Bon bon voilà » ? Ah ! c'est parce que... n'est-ce pas ?... Je suis un peu embarrassé... Enfin, il y a une dame ici.

PATARIN, *goguenard*

Ah ! ah ! Voyez-vous ça !

ANDRÉ

Cette dame désirerait s'en aller... Mais elle craint d'être compromise.

PATARIN

Qu'à cela ne tienne : Je vais la rassurer sur ma discrétion. Où est-elle ? (*Il remonte*).

ANDRÉ, *le retenant*

Non, non, non... Elle préfère n'être pas vue.

PATARIN

Ah ! elle préfère ?... Je m'incline. (*A la dame invisible*). Soyez sans crainte, chère madame ! Vous avez affaire à un gentleman ! Sortez tranquillement : je vais regarder par la fenêtre.

VOIX DE NANE, *fort accent méridional*

Très sensible, monsieur...

PATARIN *séduit, à André*

Elle est du Midi?... (*Continuant*) Madame, ce modeste accent vous me rend encore plus sympathique! Je m'efface... Je m'efface en vous félicitant de l'heureux choix que vous avez fait en la personne de ce jeune peintre...

ANDRÉ *l'interrompant*

C'est par ici, la fenêtre.

PATARIN

J'y vais, j'y vais! (*Tournant le dos*) Je regarde par la fenêtre! (*André pousse un chevalet derrière Patarin*).

ANDRÉ *allant à Nane*

Passez, madame, passez vite... (*Nane vient à lui; à mi-voix*) Tu as toutes tes affaires?

NANE, *de même*

Oui... oui...

ANDRÉ

Ton sac que tu avais oublié.

NANE

Merci... Bise?

ANDRÉ

Ah ! non... (*Il désigne Patarin et le portrait*). Ils sont deux à présent !

NANE

Je trouvais piquant... Qu'est-ce que ça peut être, sa surprise ?

(*André fait signe qu'il n'en sait rien, Nane qu'elle est ennuyée de ne pas savoir*).

Je te la téléphonerai...

ANDRÉ

C'est ça. (*Il la pousse dehors*)

SCÈNE III

ANDRÉ, PATARIN

ANDRÉ

Monsieur Patarin !

PATARIN

Je peux cesser de regarder par la fenêtre ?

ANDRÉ, *avec élan*

Je pense bien ! (*Il ferme la fenêtre d'où Patarin s'éloigne*)

PATARIN

Femme mariée ?

ANDRÉ, *après une légère hésitation.*

Oui.

PATARIN

Vous ne pouvez pas me dire son nom ?

ANDRÉ

Impossible. Absolument impossible.

PATARIN

Comme je regrette !... C'est si parisien, d'être au courant des liaisons mondaines !... J'aurais eu tant de plaisir à pouvoir raconter partout : « Le petit Sartène ? Mais il est avec madame Une Telle ! ».

ANDRÉ

Eh bien, et le mari ?

PATARIN

Il n'est pas au courant ?... Vous en êtes sûr ? Oh ! que c'est rare ! Enfin, s'il n'est pas au courant, je m'incline... Mais revenons à mon portrait : comme j'ai eu l'honneur de vous le dire, ma femme et ma fille doivent venir le voir tout à l'heure... Oui, je me suis permis... Petit vernissage intime, mais dont on parlera, vous verrez. Je parie que nous aurons des échos dans *Le Figaro* et dans *Le Gaulois*.

ANDRÉ

Oh ! vous croyez ?

PATARIN

J'en suis certain : c'est moi qui les ferai mettre. Ce n'est pas tant pour moi... mais enfin, Patarin, c'est quelqu'un sur la place... Ah ! je peux dire que j'ai fait mon chemin ! Je suis venu de Marseille à Paris...

ANDRÉ

En sabots ?

PATARIN

Non, mon cher, en espadrilles. Et voyez... (*Montrant ses souliers vernis*). J'ai évolué !

ANDRÉ

Vous êtes étincelant.

PATARIN, *modeste*

Je suis chic, simplement. Voilà le mot : je suis chic.

COUPLETS

I

D'un air dégagé,
J'ai,
Correct et cossu,
Su

M'faire un' place à part
Par-
Mi l'mond' des grands bars.
J' m'habille à London,
J' donn'
(*Montrant son complet.*)
Pour ça deux cents louis,
Oui!
(*Montrant ses mains.*)
Et ces gants épais
S'paient
Cent francs ru' d'la Paix!
Sensible au qu'en dira-t-on,
J'imit' ceux qui donn'nt le ton :
Pour fair' comm' le Princ' de Gall's
Chaqu' matin, je tomb' de ch'val...

Quand on est chic, chic, chic comme je suis,
Il faut savoir se poser à Paris!
Y a un baron qui écrit :
Moi, j'veux fair' des pièc's comm' lui!
Quand on est chic, chic, chic comme je suis,
On a toujours de l'esprit
Du moment qu'on y met l'prix
Et qu'on est chic, chic, chic comme je suis!

II

Tous les jours au Bois
J'bois
Trois « Martini sec » !
C'est qu'
Il est bien porté,
Té !
D'savoir se cuiter !
J'possèd' quatre autos
To-
Tal'ment peint's en vert ;
Vers
Minuit au Dancing,
Dzing !
J'm'amène en smoking !
Chez moi, faubourg St-Germain,
J'donn' des bals gallo-romains,
J'invit' tous les gens connus
Et j'les r'çois complèt'ment nu...

Quand on est chic, chic, chic comme je suis,
On peut s'flatter d'êtr' quelqu'un dans Paris !
Hier, j'ai soupé près d'Guitry :
Tout l'mond'murmurait : « C'est lui ! »
Quand on est chic, chic, chic comme je suis,
Voilà l'effet qu'on produit :

J'étais gêné pour Guitry...
C'est fou, d'être chic, chic, chic comme je suis !

III

J'ai pour le Grand Prix
Pris
Un jockey yankee
Qui,
Sur l'dos d'mes canards,
Nar-
gu'rait même Epinard.
Je ne lis jamais,
Mais
Les bell's éditions
Sont
Toutes dans la Bi-
bli-
othèque à Bibi !
Le Louvre est fier, — quel culot ! —
De sa Vénus de Milo...
Eh bien, moi, ça n'm'épat' pas :
J'ai la même... avec les bras !

Quand on est chic, chic, chic comme je suis,
Faut être un typ' ! J'en suis un : c'est inouï !
J'perds des bancos d'trois mill'louis
Avec un air tout réjoui !

Quand on est chic, chic, chic comme je suis,
On se doit d'rendre à Paris
Un peu d' l'argent qu'on lui prit
Pour dev'nir chic, chic, chic comme je suis !

ANDRÉ *parlé*

Je crois m'apercevoir, monsieur, que vous êtes ennemi de la fausse modestie. Comme vous avez raison !

PATARIN

N'est-ce pas ? Pourquoi ne serais-je pas content de moi, puisque je ne songe qu'à m'être agréable ? (*Coup de sonnette.*) On a sonné ?

ANDRÉ

On a.

PATARIN, *regardant l'heure*

Ce doit être la baronne. Elle m'a donné rendez-vous ici même.

ANDRÉ, *qui est allé ouvrir*

En effet, c'est la baronne...

SCÈNE IV

LES MÊMES, LA BARONNE SKATINKOLOWITZ, MÉZAIZE

LA BARONNE, *à André, en lui tendant sa main à baiser*

Bonjour, vous ! (*André lui baise la main. A Mézaize, resté sur le pas de la porte.*) Entrez, mon ami, entrez...

MÉZAIZE, *entrant*

Messieurs...

LA BARONNE, *à Patarin.*

Bonjour, vous !

(*Elle lui tend sa main à baiser*).

PATARIN, *machinalement*

Bonjour, vous.

LA BARONNE, *retirant sa main avec humeur*

Qu'est-ce que c'est ?

PATARIN

Pardon ! Je veux dire : bonjour, baronne.

(*Baise-main*).

LA BARONNE, *adoucie*

Très bien... Permettez-moi de vous présenter un de mes bons amis, Monsieur Léon Mézaize, fervent amateur de peinture (*Mézaize s'incline*). Monsieur André Sartène, le délicieux portraitiste, dont vous allez pouvoir admirer les chefs-d'œuvre.

MÉZAIZE

Monsieur, très honoré...

ANDRÉ

Monsieur...

LA BARONNE

Et Monsieur Achille Patarin, notre grand financier.

MÉZAIZE

Monsieur...

PATARIN

Charmé (*Prenant Mézaize par le bras et lui désignant son portrait*). Dites-moi, mon cher, qu'est-ce que vous pensez de ça ?

MÉZAIZE

De tout premier ordre. Une richesse dans le détail !... Et un éclectisme dans le rapport des valeurs !

PATARIN

N'est-ce pas, c'est plein de... d'éclectisme.

(*Ils continuent d'échanger leurs impressions*)

ANDRÉ, *à la baronne*

Tout à fait bien, ce monsieur.

LA BARONNE

Grosse situation, Mézaize !... Vous avez touché de Patarin ?

ANDRÉ

Oui... Un chèque.

LA BARONNE, *tentatrice*

Confiez-le moi, les banques sont fermées aujourd'hui : je vous aurai de l'argent tout de suite.

ANDRÉ

Oh ! je peux attendre jusqu'à demain... (*Aimablement ironique*). Vous aussi ?

LA BARONNE

Vous êtes un vilain!... Ce que j'en disais, c'était pour vous rendre service.

ANDRÉ

Mais je n'en ai jamais douté. (*Changement de ton, à Patarin et à Mézaize*). Messieurs, vous permettez?... Madame et mademoiselle Patarin doivent venir : j'aimerais bien passer un veston.

PATARIN

Faites donc, mon cher, faites donc...

ANDRÉ

J'en ai pour dix minutes.

LA BARONNE, *à mi-voix*

Prenez votre temps. J'ai justement à terminer une affaire avec ces messieurs.

ANDRÉ

Bon! Eh bien, vous me rappellerez... (*Il sort*).

SCÈNE V

LES MÊMES, *moins* ANDRÉ

LA BARONNE, *appelant*

Mézaize!... Eh! mon petit Mézaize...

MÉZAIZE, *à Patarin*

Vous m'excusez ? (*à la baronne*) Chère amie ? (*Il s'approche d'elle*)

LA BARONNE, *à mi-voix*

Faites donc un peu le tour de l'atelier : c'est le moment.

MÉZAIZE, *ému*

Ah ! (*S'inclinant, très mondain*) Très bien, chère amie...

(*Il s'éloigne en cambrant le torse et se met à regarder les toiles*).

LA BARONNE, *allant à Patarin, désignant Mézaize*

Eh bien, comment le trouvez-vous ?

PATARIN

Ce Monsieur ?... Extrêmement distingué... Peut-être un peu rapé, mais tout à fait homme du monde.

LA BARONNE

Je suis très contente de moi ! J'ai tenu à vous le montrer sans vous prévenir. (*Avec un sourire complice*). C'est la surprise.

PATARIN

La surprise ?

LA BARONNE

Hé oui!... La surprise que vous voulez faire à Nane... C'est le mari que vous lui cherchiez pour la saison et qui permettrait à cette jeune irrégulière de s'introduire décemment dans notre petite villégature.

PATARIN

Le mari!... Le mari de Nane!... Ah! nom d'un chien!

LA BARONNE

Si Monsieur Mézaize vous plaît, l'affaire est faite.

PATARIN

Alors... il sait ce que nous attendons de lui?

LA BARONNE

Je ne lui en ai encore parlé qu'à mots couverts. J'attendais votre approbation.

PATARIN

Dites-moi : c'est un homme de confiance?

LA BARONNE

Jugez-en vous-même. (*Appelant*) Mézaize!

MÉZAIZE

Chère amie?... De tout premier ordre, cette toile : un éclectisme dans le rapport des valeurs...

LA BARONNE

Oui, ça va... Nous en sommes beaucoup plus loin que ça. En deux mots, impression favorable.

MÉZAIZE, *avec élan*

Ah! tant mieux, mon Dieu, tant mieux!

LA BARONNE

Voulez-vous prendre la peine de donner à monsieur Patarin quelques-unes de vos références?

MÉZAIZE

Mais comment donc! De grand cœur!

LA BARONNE *à Patarin*

Il faut vous dire que monsieur Mézaize, tout distingué qu'il est, se débat actuellement parmi les difficultés de l'existence.

MÉZAIZE

« Actuellement », baronne? Dites plutôt : « Depuis le berceau »! Je n'ai pas connu ma mère, monsieur : un mois après ma naissance, elle fuyait avec un ténor dont je suis peut-être le fils, m'abandonnant aux soins de mon père, vétérinaire à Elbeuf. Péniblement impressionné, je n'ai jamais pu passer mon baccalauréat...

PATARIN

Tiens?... D'ailleurs, moi non plus.

MÉZAIZE

...mais, déjà distingué, je fus... distingué — c'est le mot — par la librairie Larousse : j'allais solliciter les souscriptions en ville. Une dame souscriptrice m'étreignit : je résistai, elle m'accusa, je fus remercié. Toujours distingué, j'ai été tour à tour secrétaire d'un médecin-accoucheur, agent mondain des mœurs, rédacteur au Bottin du Commerce et Inspecteur des pistes du Champ de Courses d'Auteuil... On me donnait souvent des tuyaux : vous savez le reste.

LA BARONNE

Bref, monsieur Mézaize est un homme avisé, loyal, besogneux et de bonnes manières. On peut tout lui dire ?

PATARIN

On peut.

LA BARONNE

Eh bien, voici : monsieur Patarin possède à la fois une épouse et.. une amie.

MÉZAIZE, *finement*

J'ai saisi.

LA BARONNE

Cette jeune personne...

MÉZAIZE

L'amie, bien entendu.

LA BARONNE

Bien entendu ! Cette jeune personne était navrée de voir monsieur Patarin partir sans elle en vacances...

MÉZAIZE

Je comprends ça.

PATARIN

Elle vient de pleurer au téléphone.

MÉZAIZE

La pauvre enfant !

LA BARONNE

Voulez-vous me laisser parler ? Monsieur Patarin, sa femme et sa fille, doivent, en effet, être mes hôtes à partir de demain, en mon manoir breton...

MÉZAIZE

Ah ? Bravo !

LA BARONNE

Voulez-vous me laisser parler ? L'idée m'est naturellement venue d'inviter chez moi l'amie de monsieur Patarin.

MÉZAIZE

Vous savez les usages.

LA BARONNE

Oui, mais... la jalousie de madame Patarin !...

Alors j'ai eu une trouvaille : c'est une femme mariée que nous allons recevoir.

MÉZAIZE

J'ai saisi : c'est moi qui suis le mari de madame ! Nous arrivons chez vous : réception chaleureuse, on me flatte, on me choie, on me dorlote...

LA BARONNE

Il ne s'agit pas de ça pour le moment. Vous arrivez, en effet. Le ménage Mézaize est le modèle des ménages... Vous êtes un mari empressé, vigilant... Naturellement, quand on vous le dit, vous vous effacez discrètement...

MÉZAIZE

J'ai saisi : une complaisance de bon aloi... rien d'ostentatoire : le cocu délicat.

LA BARONNE

C'est cela même. Ça vous va ?

MÉZAIZE

Sur mesure. Un mot seulement des conditions...

PATARIN

Fixez-les vous-même.

MÉZAIZE

Durée de l'engagement ?

LA BARONNE

La saison.

MÉZAIZE, *spirituel*

Voilà ce qu'on appelle un mariage de saison.

LA BARONNE

Oui, ça va, nous sommes pressés.

MÉZAIZE

Un peu d'esprit ne gâte rien... Eh bien, voyons, comme conditions... Ma femme... à propos, comment s'appelle-t-elle ?

PATARIN

Nane, elle s'appelle Nane.

MÉZAIZE

Nane ? Oh ! charmant !... Eh bien, Nane, je n'en doute pas, est une personne fort élégante...

PATARIN, *noblement*

C'est moi qui l'entretiens, monsieur.

MÉZAIZE

Donc, extrêmement élégante. Il faut que je sois à la hauteur. Alors, n'est-ce pas, frais de garde-robe... De plus. je suis consciencieux, j'entrerai dans la peau du rôle : il y aura piqûre d'amour-propre... Si ! si ! Cela se tarife également, n'est-ce pas ?... Voulez-vous que nous disions six mille ?

PATARIN

Six mille, soit. Je vous fais un chèque de moitié. Le reste à la livraison.

MÉZAIZE

A la livraison de ma femme, parfaitement.

LA BARONNE

Voilà une affaire réglée.

PATARIN, *remettant le chèque à Mézaize*

Tenez !

MÉZAIZE

Merci, monsieur, merci de tout cœur ! Eh, bien entendu... (*En confidence rassurante*) mariage blanc !

PATARIN, *avec éclat*

Mais j'espère bien : mariage blanc !

LA BARONNE

Et maintenant, Mézaize, plus une minute à perdre : courez chez le tailleur, le bottier, le chemisier...

MÉZAIZE

Je pense à un complet havane...

LA BARONNE

Ravissant. Allez, allez ! Et rendez-vous à trois heures, 87, rue de Ponthieu, pour qu'on vous présente à madame Mézaize.

MÉZAIZE

87... Très bien... c'est là qu'habite ma femme ?

LA BARONNE

C'est là. Vous devriez le savoir : vous êtes mariés depuis cinq ans.

MÉZAIZE

Cinq ans ?.. Je serai ravi de faire sa connaissance. Allons, à tantôt, baronne, à tantôt... Monsieur, à l'honneur de nous revoir...

PATARIN

A tout à l'heure, chez Nane.

MÉZAIZE

A tout à l'heure (*Il sort*).

SCÈNE VI

LA BARONNE, PATARIN

PATARIN

Ah ! que je suis content, que je suis donc content ! Baronne, vous êtes mon bon ange !

LA BARONNE

Allons, allons, ne faites pas l'enfant ! Au fond, vous savez, je m'en veux : vis-à-vis de madame Patarin, qui est une si bonne personne, j'agis peut-être un peu... enfin... pas très bien.

PATARIN

Puisqu'elle ne le sait pas, c'est sans importance.

LA BARONNE

Il y a tout de même le cri de ma conscience ! Faut-il que vous me soyez sympathique, pour que j'étouffe le cri de ma conscience !

PATARIN

Comptez sur ma gratitude.

LA BARONNE

Je sais, mon ami, je sais que vous reconnaîtrez ce que je fais pour vous. Ça ne m'empêche pas d'avoir une âme. Feu mon noble mari se plaisait à répéter : « Vous, Irène, vous avez une âme »... Cher Stanislas ! Je l'ai tant aimé ! Il était si altier !... Plus altier que subtil, d'ailleurs. Mais, dans sa carrière, cela valait tellement mieux !

PATARIN

Qu'est-ce qu'il était, déjà ?

LA BARONNE

Diplomate. Très grand diplomate. C'est lui qui a créé les frontières naturelles de plusieurs états danubiens. Vous ne vous figurez pas ce que c'est que de créer des frontières naturelles ! Il était tout le temps sur des cartes, à tracer des pointillés... Et il disait : « Ce pointillé-là, ce sera une frontière naturelle ». Pauvre cher Skatinkolowitz ! Il était si apprécié dans tous les Palais... et dans tous les Palaces ! Ah ! les splendides réceptions où l'on m'adulait de toutes parts ! Si j'ai parfois été légère, je n'ai eu que des faiblesses honorifiques pour lui... Il le savait, et il ne m'en estimait que davantage... Et puis, un soir, il m'a dit : « Irène, je ne me sens pas dans mon état normal : je crois que j'ai trop réfléchi dans la journée »... Une heure après, il s'envolait au ciel... Espérons qu'il y est resté !

(*Elle s'essuie les yeux. Un instant de recueillement*).

PATARIN, *ému*

Espérons...

LA BARONNE, *consolée*

Enfin, vous vouliez un mari pour Nane... Ça y est : je vous l'ai eu.

PATARIN

Oh ! quant à ça, vous êtes prodigieuse ! Je me demande quelle chose... (*finement*) ou quelle personne au monde vous ne seriez pas capable de procurer...

LA BARONNE, *avec hauteur*

« Procurer » ! « Procurer » !!... Ah ! que voilà donc un terme bas et qui sent son rustre d'une lieue !

PATARIN, *confus*

Mais, baronne...

LA BARONNE

Il n'y a pas de « Mais baronne » !... Vous venez de me parler comme un malotru ! On ne dit pas d'une femme comme moi, d'une baronne, qu'elle « procure » ! Avez-vous compris ?

COUPLETS

I

Avez-vous compris ?
Ces manières,
Roturières
Vous f'raient à Paris
Passer pour malappris !
Je m'étonn', quand je vous engage
A veiller sur votre langage,
Que des bourdes
Aussi lourdes
Vous viennent à l'esprit !
Avez-vous compris
Que " procure "
Fait injure
Au souv'nir chéri
De mon noble mari ?

(*Souriante*)

On peut dire d'une Baronne
Qu'ell' patronne,
S'entremet,
Qu'ell' présente ou qu'ell' fait connaître,
Ça... peut-être,
Je l'admets,
Mais l'émotion me garrotte
A l'idée qu'on pourrait jamais
Dire de moi que je... bib'lote...
(*Du geste elle lui impose silence*)
J'sais qu'vous l'pensez, mais, sapristi,
Je l'pense aussi... Est-c' que je l'dis?
Avez-vous compris?

II

Avez-vous compris,
Homme fruste,
Que l'mot juste
Doit être proscrit,
Qu'au d'ssus d'un certain prix
L'escroqu'rie, ça d'vient « les affaires »
Et qu'il n'faut se montrer sévère
A qui triche,
S'il est riche,
Que du jour qu'il est pris?
Avez-vous compris

— Oui, je pense —
L'importance
De tout c'que m'apprit
Le Baron mon mari?

Un jeune homm' trouve une fortune
Opportune
Dans les bras
Dans les bras d'une « vieille garde »
Qu'il ne r'garde
Même pas...
Le diagnostic est facile :
C'est — distinguez bien les deux cas! —
Un vilain monsieur à Bell'ville,
A la Villette ou à Bercy...
C'est un beau mariage à Passy!
Avez-vous compris?

PATARIN *parlé*

J'ai compris, baronne... Et je m'excuse.

LA BARONNE

Une petite leçon en passant... N'en parlons plus.

PATARIN

Non, non, n'en parlons plus. Mais puisqu'on est sur le chapitre des maris, avez-vous pensé à ma fille? Vous m'aviez promis également de lui... de lui... comment dire? de lui... fournir... de lui... produire...

LA BARONNE

Un mari, je sais.

PATARIN

Mais pas un faux, cette fois-ci : un vrai !

LA BARONNE

Naturellement, un vrai.

PATARIN

Et alors ? C'est que je voudrais bien la caser, ma Colette !

LA BARONNE

Alors... alors... D'abord, mon cher, vous avez des exigences : il vous faut un gendre flatteur, noble de préférence, membre des meilleurs cercles...

PATARIN

C'est pour qu'il m'y fasse entrer.

LA BARONNE

J'entends bien. Mais qu'est-ce que j'offre, moi, comme beau père ?

PATARIN

Mes millions, tout simplement.

LA BARONNE

Vos millions... oui... et votre passé.

PATARIN

Mon passé... mon passé... (*Précisant, non sans fierté, mais d'une voix très simple*). Vous savez que je n'ai jamais fait de prison !

LA BARONNE

Ça, c'est une veine !

PATARIN

C'est entendu, j'ai eu quelques difficultés avec la justice de mon pays... Mais je dois dire que ce n'est rien auprès de celles que la justice de mon pays a eues avec moi ! Qu'est-ce que je leur avais fichu comme avocats dans les pattes ! Deux anciens gardes des Sceaux... Ah ! mais !.. Oh ! je peux montrer tous mes non-lieux !

LA BARONNE

Tant mieux, alors... car j'ai quelqu'un en vue.

PATARIN

Que ne le disiez-vous ! Et qui est-ce ?

LA BARONNE

Un gentilhomme breton de vieille souche, ni trop ruiné, ni trop jeune, enfin, très bien : le Vidame de Kermadec.

PATARIN *d'un air ravi*

Le Vidame... Ah ? C'est un Vidame ?... (*un tout petit temps*). Qu'est-ce que c'est au juste, qu'un Vidame ?

LA BARONNE

C'est une sorte de dignitaire dont la fonction était jadis de défendre les biens d'Église à main armée.

PATARIN

Diable ! Mais voilà un mariage qui peut me mettre à tu et à toi avec le Pape ! On ne peut rêver mieux.

LA BARONNE

C'est aussi mon avis. Seulement, voilà... Est-ce que ce sera celui de mademoiselle votre fille ?

PATARIN

Mais je pense bien ! Il faudra bien ! Un Vidame... à main armée !

LA BARONNE

C'est qu'avec son petit air tout doux, elle ne fait guère que ce qui lui plaît, votre Colette ! Charmante, ça d'accord, mais très enfant gâtée, capricieuse, autoritaire...

PATARIN, *avec un sourice d'excuse vaniteuse*

Que voulez-vous ?... C'est une gosse de riche...

LA BARONNE

Ça, pour être « gosse de riche ». elle l'est bien ! Elle a déjà évincé quatre ou cinq de mes prétendants. Si elle recommence avec mon Vidame... (*Sonnerie*). Qu'est-ce que c'est ?

PATARIN

Le téléphone... J'y vais?

LA BARONNE

Ça ne se fait pas : laissez répondre un domestique.

PATARIN

Il n'y en a pas.

LA BARONNE

Alors, allez prévenir. (*André entre vivement, en boutonnant son veston*). Pas la peine : le voilà.

SCÈNE VII

LES MÊMES, ANDRÉ

PATARIN

C'est le téléphone.

ANDRÉ

J'ai entendu. Merci. Vous permettez? (*A l'appareil*). Allô... Comment?.. Vous dites?... (*Joyeusement*) Non! C'est vous?.. Ah! par exemple! Tiens, bien sûr que je me rappelle!... Mais oui, avec joie!... Tout de suite? Ça n'est pas commode... Mais oui, justement!... Et j'en attends d'autres...

LA BARONNE, *à Patarin*

Nous sommes de trop.

PATARIN, *à la baronne*

Ça m'en a l'air.

LA BARONNE, *à André*

Cher ami...

ANDRÉ, *à la baronne*

Quoi ?... (*A l'appareil*). Pardon... Vous permettez ?

LA BARONNE

Dites à cette jeune et jolie femme qu'elle peut venir : nous nous retirons. (*Bas à Patarin*) J'en profiterai pour aller prévenir Nane.

PATARIN

Oui, nous nous retirons.

ANDRÉ

Mais madame et mademoiselle qui vont arriver ?

PATARIN

Pas sans moi. Je dois passer les prendre à la maison.

ANDRÉ

Ah !... vous devez passer... ? J'ignorais. En ce cas, c'est différent... (*Téléphonant*). Allô ! c'est entendu : tout de suite... mais tout de suite, tout de suite, alors !... Parfait ! Je vous attends... c'est ça, je vous attends ! (*Il raccroche.*)

LA BARONNE, *avec un petit geste d'adieu complice.*

A tout à l'heure...

PATARIN, *à André*

Fichtre! Encore une!

ANDRÉ

Oh! Monsieur, croyez bien que...

PATARIN

Oui... oui... je m'arrangerai tout de même à ne pas vous amener ma famille trop vite. (*Regardant sa montre*). Une demi-heure, c'est suffisant?

ANDRÉ

Mais oui, monsieur, c'est très suffisant.

LA BARONNE

Comme c'est beau, la jeunesse!

PATARIN

Voilà ce qu'on appelle des matins triomphants!

(*Sortent Patarin et la Baronne*).

ANDRÉ, *seul*

Eh bien ça! Eh bien ça! Non! Ce que ça peut me faire plaisir! Si je m'attendais jamais à la revoir, cette petite-là!... Je suis ému... très ému... (*Devant la glace.*) Pas l'air trop flapi? Au contraire!... Bravo, vieux, bravo! (*Bruit de trompe d'auto au dehors*). Ah! les voilà partis!... Quel nez j'ai eu d'aller me changer!... Ce veston est excellent!... (*Coup de sonnette*). Oh! Très ému... Positivement... très ému... (*Il va ouvrir*).

SCÈNE VIII

ANDRÉ, LA DAME *de l'autre soir*

LA DAME. *entrant*

Bonjour.

ANDRÉ

Vous ! C'est vous !

LA DAME

Vous ne m'attendiez pas, hein ?

ANDRÉ

Dites que je ne vous espérais plus ! Oh ! que c'est gentil ! Je ne peux pas vous dire ce que je trouve ça gentil...

LA DAME

Sérieusement, vous m'avez espérée ?

ANDRÉ

Sérieusement. Depuis huit jours...

LA DAME, *ironique*

Vous ne faites que ça, n'est-ce pas ?

ANDRÉ

Presque. J'avais tellement insisté pour que vous veniez voir mes tableaux...

LA DAME

Ça, vous avez insisté. Mais qu'est-ce que je vous avais répondu ?

ANDRÉ

« Peut-être ».

LA DAME

Oh ! ce toupet !... J'avais dit non.

ANDRÉ

Vous croyez ?... Moi j'ai compris : « peut-être ». Ah ! que voulez-vous ? J'avais si grande envie de revoir la petite camarade mystérieuse de l'autre soir...

LA DAME

Dites-moi, mon cher monsieur Sartène ?

ANDRÉ

Quoi donc, ma chère madame... X... ?

LA DAME

Qu'est-ce que vous pensez de moi ?

ANDRÉ

Au physique ?

LA DAME

Non... ça... je me suis rendu compte qu'à la rigueur... le physique, ça pouvait aller... Ce qui m'intéresserait c'est de savoir... ce que vous pensez de moi au moral ?

ANDRÉ

Je vous connais si peu! Songez que vous ne m'avez livré de vous ni votre nom, ni même votre prénom.

LA DAME

Allons, soyez franc, vous me méprisez, hein?

ANDRÉ

Vous ne le croyez pas !

LA DAME

Comment n'auriez-vous pas une opinion détestable de cette petite femme qui profite de l'absence de son époux pour venir dîner toute seule dans un restaurant d'artistes, qui se laisse inviter par le monsieur de la table voisine...

ANDRÉ

Un monsieur très convenable, avouez-le.

LA DAME

... Qui passe toute sa soirée avec lui!

ANDRÉ

En tout bien, tout honneur.

LA DAME

Pas tant que ça... Je vous assure que j'ai des remords...

ANDRÉ

De votre escapade?... Oh! c'était si amusant, si innocent... ce petit dîner en fraude...

LA DAME

C'est que c'est vrai que c'était... tout ce que vous dites.

DUO DU BON DINER

LA DAME

Ah! le bon dîner qu'on fit ce soir-là,
Qu'en cette guinguette,
L'on fit en cachette!
Certe il n'avait rien, non, rien d'un gala,
Mais le bon dîner que ce fut là!
Jambon de Parme...

ANDRÉ

Ah! votre charme!

LA DAME

Poulet cocotte...

ANDRÉ

Ah! vos quenottes!

LA DAME

Deux petit's mousses...

ANDRÉ

Votre frimousse!

LA DAME

L'une au kirsch, l'autre au chocolat...

ANDRÉ, *attendri*

Vous vous rappelez tout cela !

LA DAME *se touchant le front*

Tout est là !
Sans compter certain petit baiser...

ANDRÉ

Que j'osai
Demander...

LA DAME, *malicieuse*

Oui mais que je vous ai ...

ANDRÉ

... Refusé...

LA DAME

Il n'était pas prévu
Au menu !...

ENSEMBLE

Ah ! le bon dîner qu'on fit ce soir-là,
Etc...

LA DAME

Puis, au Moulin de la Galette,
On a fait la fête !

ANDRÉ

De façon discrète...

LA DAME

J'ai dansé comm' un' midinette,
La Java, l'Tango
Et l'Fox-Trot à gogo !

ANDRÉ

Nous nous entendions vraiment très bien...
Quand on est sorti, je m'en souviens,
Dans la ru' Lepic un agent
Nous suivit d'un œil indulgent.

LA DAME

Il croyait qu'on était des amants ?

ANDRÉ

Il croyait qu'on était des amants.

LA DAME

Mon mari n'écout' pas, heureus'ment...

ENSEMBLE

Ah ! le bon dîner qu'on fit ce soir-là.
Etc...
Il était minuit : minuit, c'est l'heure exquise !
Plaisir exaltant
De cueillir l'instant !

LA DAME } Vous étiez pressant et je me sentais grise,
ANDRÉ } Moi j'étais pressant et vous vous sentiez grise,

L'on devenait fous :

Mieux valait pour nous
Se quitter d'un coup
En gardant le goût
Des instants si doux
Passés près de vous...
Ah! le bon dîner, etc...

ANDRÉ, *parlé*

Oh! que je suis heureux!... Que je suis heureux que vous ayez gardé un si bon souvenir de notre fugue!

LA DAME

Croyez que c'est réciproque, cher ami.

ANDRÉ

Mais pourquoi ne m'avez-vous pas donné signe de vie pendant ces huit longs jours? J'ai eu tellement peur de vous avoir perdue!...

LA DAME

Pourquoi? Ah! parce que... avant de vous revoir... je voulais être sûre de quelque chose... que je vous dirai plus tard.

ANDRÉ

Enfin, vous voilà! Toutes mes craintes se dissipent...

LA DAME

Et tous les espoirs vous semblent permis, n'est-il pas vrai?

ANDRÉ

Oh ! je n'ai pas dit ça.

LA DAME

Vous vous contentez de le penser. Vous vous félicitez d'avoir pris la petite bourgeoise au piège et vous songez déjà aux irrésistibles pyjamas et à l'inévitable porto des cinq à sept qui vont suivre... Ah ! mon pauvre ami, quelle erreur est la vôtre !... Je ne bois pas de ce porto-là ! Regardez-moi bien... bien en face... Vous y êtes ? Eh bien, je ne tromperai jamais mon mari.

ANDRÉ, *navré*

Oh ! quel malheur !

LA DAME

Demandez-moi pourquoi.

ANDRÉ

Pourquoi, quoi ?

LA DAME, *avec un peu d'impatience*

Demandez-moi pourquoi je ne tromperai jamais mon mari.

ANDRÉ

Au fait, oui, c'est absurde, ça ! Pourquoi ne tromperez-vous jamais votre mari ?

LA DAME, *d'une voix grave*

Parce qu'il est mort.

ANDRÉ

Hein ?

LA DAME

Oui, croyez-vous, quel coup ! Le pauvre cher homme vient de s'éteindre... à l'âge de huit jours.

ANDRÉ

A l'âge de huit jours ?

LA DAME *riant*

Exactement. Il est né l'autre soir à la minute même où je vous ai rencontré.

ANDRÉ

Comment ? Mais alors... vous l'aviez inventé ?

LA DAME

Pour me rendre intéressante. Est-ce que les hommes font attention aux jeunes filles ?

ANDRÉ

Ah ! parce que vous êtes... ?

LA DAME

Une jeune fille, tout simplement.

ANDRÉ

Ah ! par exemple !

LA JEUNE FILLE (*car c'en était une*)

Défrisé ?

ANDRÉ

Du tout, mais...

LA JEUNE FILLE

Un peu stupéfait tout de même de mon audace?... Oh! ne m'en parlez pas!... Comment une jeune fille ose-t-elle se permettre d'aller se promener toute seule à Montmartre?... Ah! qu'est-ce que vous voulez? Ça me rasait d'accompagner ma famille au Vieux-Colombier. Parce que... j'ai une famille vous savez... C'est même ma seule excuse... (*Simplement*). J'ai été très mal élevée, Monsieur Sartène. Mes parents, qui sont stupidement riches, m'ont habituée à ne faire que ce qui me chante. Oh! je ne leur en veux pas!... Ça les flatte d'avoir une fille insupportable... Seulement, voilà... Après m'avoir laissée faire tout ce qui me passait par la tête, ils se sont fourré dans la leur de me marier à leur idée... Et ça, me marier (*Souriant*) je m'y résignerais peut-être... Mais à leur idée... jamais, vous entendez, jamais!

COUPLETS

I

Vous m'trouvez sans dout', mon bon monsieur,
Légèr'ment fantaisiste!
A coup sûr, je n'ai pas froid aux yeux,
Mais nous somm's entre artistes...
La fortun' sourit aux audacieux:
J'n'admets pas qu'ell' résiste
Quand il s'agit d'exécuter

Mes quatre volontés !
Car j'ai ça dans le sang :
J'suis un' « goss' de riche »,
Qui s'en va bondissant
Comme une pouliche,
On m'traite, et j'y consens,
De sal' goss' de riche...
Est-c' ma faut' si j'ai r'çu du sort
Un papa tout en or ?

II

Mes parents se montrent indulgents
A mes moindres caprices :
J'ai ma torpédo, mes ch'vaux, mes gens...
Et pas d'institutrice !
Tout ce qui s'obtient pour de l'argent,
Tout est à mon service,
Tout... Oui, mais, j' vous en fais l'aveu,
C'est l' reste que je veux !
On m' prêt' mêm' de l'esprit :
J'suis un' goss' de riche...
J'obtiens aux plus hauts prix
Des chos's dont j'me fiche...
D'puis longtemps j ai compris
Qu' pour un' goss' de riche
L' bonheur ne s' vend pas ru' d'la Paix
Alors... je cours après !

ANDRÉ, *parlé*

Et alors, ce bonheur après lequel vous courez si allègrement ?...

LA JEUNE FILLE

Il me semble... je ne sais pas si je me trompe... mais il me semble que je l'ai trouvé... (*Un petit temps et très tranquillement*). Voulez-vous m'épouser, monsieur Sartène ? Non, ne répondez pas tout de suite... surtout si c'est non. Je vous ai confié, tout à l'heure, que si j'étais restée huit jours sans vous revoir, c'est que je voulais être sûre de... Eh bien, j'en suis sûre... De ce côté là, ça va... Parlons de vous : ça ne vous paraît pas moins glorieux d'être le premier amour d'une femme que l'un de ses amants ?... Non ? Vous ne tenez pas essentiellement à partager avec un mari ?

ANDRÉ

Ah ! Dieu, non !.. Si vous saviez !

LA JEUNE FILLE

Je m'en doute... J'espère que vous n'êtes pas assez arriéré pour refuser la main d'une jeune fille sous prétexte que, dans cette main, il y a... quelques millions... Hein ?

ANDRÉ

Oh ! je n'ai pas de ces préjugés.

LA JEUNE FILLE

Mais alors... de votre côté aussi ?...

ANDRÉ

Oh! mademoiselle... je crois rêver.

LA JEUNE FILLE

Bon. Excellente indication... Il ne nous reste plus à savoir... que ce que ce monsieur en pense.

(*Elle désigne le portrait de Patarin*)

ANDRÉ

Ce monsieur?... Mais je m'en fiche pas mal de ce que ce monsieur en pense!

LA JEUNE FILLE

C'est papa.

ANDRÉ, *saisi*

Non! Vous êtes mademoiselle Patarin?

COLETTE, *car c'était elle*

Allons bon! C'est le nom de Patarin qui vous chiffonne? On vous a peut-être mal parlé de papa...? Ah! que voulez-vous? Il est dans les affaires, papa: ce qu'il gagne, il faut bien que quelqu'un le perde!

ANDRÉ

Il ne s'agit pas de ça, mais...

COLETTE

Mais quoi?

ANDRÉ

Mademoiselle, je serais ravi, je serais fou de joie de

devenir votre mari... seulement... je ne peux pas songer... pour l'instant... je n'ai pas le droit... Oh! non, je n'ai pas le droit!... je ne suis pas absolument libre.

COLETTE

Ah?... Vous avez une liaison?

ANDRÉ

J'ai... voilà... j'ai une liaison.

COLETTE

Ah?... Difficile à rompre?

ANDRÉ

Hélas!

COLETTE, *rassurée*

« Hélas »? Ah!... Vous m'aviez fichu le trac!... Vous avez peur de lui faire de la peine?

ANDRÉ

Oh! j'ai surtout peur...

COLETTE

Bon, je vois ce que c'est: vous êtes un cœur sensible... Vous ne demandez qu'à rompre, mais vous voudriez bien ne pas assister à la petite opération... Eh bien... les voiles!

ANDRÉ

Les voiles?

COLETTE

Oui, prenez le large!... Filez tout de suite, bravement, sans rien dire et écrivez une belle lettre de là-bas.

ANDRÉ

De là-bas?

COLETTE

De l'endroit où vous serez demain.

ANDRÉ

Mais elle me rejoindra.

COLETTE

Ça dépend de l'endroit. Naturellement qu'il ne s'agit pas de vous installer dans un Palace de la côte normande!... Rassurez-vous, j'ai ce qu'il vous faut... et je vous garantis que là où je vous emmène, on ne vous rejoindra pas.

ANDRÉ

Vous m'emmenez?... Comment voulez-vous...?

COLETTE

Je veux, ça suffit. (*Coup de sonnette*) Chut!... ma famille... Laissez-moi faire.

ANDRÉ

Quoi? Vous n'allez pas dire à votre papa?

COLETTE

Pas si bête! Sur cette question-là, il ne faut pas

le heurter de front, le pauvre cher homme!... Parce que je ne vous cacherai pas que vous n'êtes pas le gendre de ses rêves. Oh! mais là... pas du tout!... Mais avec le temps, vous le deviendrez, vous verrez... En attendant, ouvrez-lui tout de même la porte, voulez-vous ?... (*Dans un souffle*) et laissez-moi faire!

SCÈNE IX

LES MÊMES, PATARIN, puis LA BARONNE

ANDRÉ, *ouvrant*

Madame... Monsieur... Entrez, je vous prie...

PATARIN, *à sa femme*

Suzanne, je te présente monsieur André Sartène, mon portraitiste.

ANDRÉ, *s'inclinant*

Madame...

Mme PATARIN, *à André*

Cher maître... Enchantée.

PATARIN, *à André*

J'aurais voulu vous amener ma fille, mais pfft!... Elle est sortie sans dire où elle allait! (*En se tournant il se trouve nez à nez avec Colette qui s'est avancée à pas de loup derrière lui.*) Ça, c'est un peu fort! Qu'est-ce que tu fiches-là?

Mme PATARIN

Colette ! Colette ici !

COLETTE, *très simplement*

Oui, ma mère. Et après ? C'était bien convenu qu'aujourd'hui midi, on irait chez le peintre, n'est-ce pas ? Il est aujourd'hui midi, je suis chez le peintre.

Mme PATARIN

Permets-moi de te dire, ma petite fille qu'il est très incorrect d'aller comme ça toute seule chez un monsieur.

COLETTE, *très gentiment*

Je sais, maman. Eh bien, et la baronne ? Elle n'est pas avec vous ?

PATARIN

Elle ne tardera pas. (*Montrant le portrait*). Allons, vous deux, regardez-moi ça.

COLETTE

J'ai vu. C'est rudement jeté !

PATARIN

Suzanne ?

Mme PATARIN

Achille ?

PATARIN

Qu'est-ce que tu en dis ?

Mme PATARIN

C'est... c'est finement colorié.

PATARIN, *haussant les épaules*

« Colorié » !... Coloriée toi-même !

ANDRÉ

Madame Patarin ne prise peut-être pas les audaces de la technique moderne.

PATARIN

Si fait ! Madame Patarin prise les audaces de la... Pour qui nous prenez-vous, mon cher ?

QUATUOR

I

PATARIN

Nous n'sommes pas des bourgeois
Aux jugements étroits !

(*Regardant le tableau*).

C'est merveilleux !

(*Bas à sa femme*).

Clign' donc les yeux !

(*A André*).

Et nous crions bravo
Au chef-d'œuvre nouveau !

Mme PATARIN, *à son mari en désignant le portrait*

Qui c'est ?

PATARIN

C'est moi.

COLETTE, *à sa mère, avec autorité*

C'est lui.

Mme PATARIN

Tu crois ?

PATARIN, *à André*

J'trouv' votre facture étourdissante.

Mme PATARIN, *inquiète*

Ell' se monte à combien ?

PATARIN, *tout en imposant silence à sa femme, à André*

Vous pouvez m'en croir' si j'dis qu'ça chante !

Mme PATARIN

C'est curieux, j'n'entends rien !

PATARIN

Car

Je suis amateur d'art !

ANDRÉ, *poliment*

Je l'ai vu d'un regard.

PATARIN

D'ailleurs, ma femme aussi !

Ell' ne jur' que par Pi...

Mme PATARIN

Pi ?

PATARIN

-Ca...

Mme PATARIN

-Ca ?...

PATARIN

-Bi...

Mme PATARIN

-Bi?

TOUS

— A!

Mme PATARIN, *comprenant soudain*

Ah!
J'y suis... par Picabi-

TOUS

— A!

PATARIN

Ma-
Tisse nous enflamma
Pour ses panoramas,
Et nous somm's tous trois fous
Des pochades de Fou...

Mme PATARIN

Fou?

PATARIN

— Ji...

Mme PATARIN

— Ta,

PATARIN

Qu'on

Mme PATARIN

Nous

PATARIN

Ex...

COLETTE

-Hi

TOUS

- Ba !

ANDRÉ

J'en suis tout baba !

COLETTE

Ah ! chez *Bernheime*
Ce qu'on nous aime !

PATARIN

Ah ! que c'est beau Pica-
Sso !

Mme PATARIN

Oh ! que c'est beau Pica-
Bia !

PATARIN

Y a p't'être aussi Zuloaga...

Mme PATARIN, *dans l'enthousiasme*

(*parlé*) Et Jean-Gabriel Domergue donc !

TOUS

(*chanté*) Ça n'se dit pas
Ou ça se dit tout bas !

PATARIN

Tu te mets dans le cas
D'passer pour Dieu sait quoi !

Mme PATARIN

Pourtant, Domergue, moi...

PATARIN, *sévèrement*

Quoi ?

Mme PATARIN, *en confidence un peu honteuse*

... Domergue me plaît.

TOUS, *avec conviction*

C'est que c'est laid !

II

PATARIN

A tous les grands concerts
Nous avons, cet hiver,

PATARIN, Mme PATARIN et COLETTE

Couru pour nous
Former le goût.

PATARIN

Il n'est pas un gala
Où nous ne soyons là,

PATARIN, Mme PATARIN et COLETTE

Hochant le chef
Et parlant bref !

PATARIN

Quand le bruit nous blesse les oreilles

Mme PATARIN

Nous d'mandons : « D'qui qu' c'est-y » ?

PATARIN

Et le déclarons une merveille

COLETTE

S'il est d'Erik Sati' !

PATARIN

Car...

Car un amateur d'art
N'est jamais en retard
Et doit aveuglément
Diriger le mouv'ment

Mme PATARIN

En

PATARIN

— Ré

Mme PATARIN

— Ré

PATARIN

Pé —

Mme PATARIN

— Tant

PATARIN

Car —

Mme PATARIN

— Ré —

PATARIN

Carrément tout c'qu'il en-

TOUS

-tend !

PATARIN

C' qui

Faut dir' de Stravinski ?

Mme PATARIN

C'est *esquis !* c'est *esquis !*

PATARIN

Et de Darius Milhaud ?

Mme PATARIN

C'est le roi des solos !

PATARIN

L'ho-

— Neg

MmePATARIN

— ger...

PATARIN

Plus

Mme PATARIN

beau

PATARIN

Que

Mme PATARIN

Wa-

TOUS

-gner !

ANDRÉ

Puisque c'est plus faux !

COLETTE

Que c'est commode
D'être à la mode !

PATARIN

Oh ! c'qu'ils sont forts ces ty-
P's là !

Mme PATARIN

Ah ! ce Poulenc est divin !

PATARIN

Hein ! Honegger et Stravinski ! !

(*parlé*)

Mlle PATARIN, *délirante*

Et Toselli, hein !

TOUS

(*parlé*) Chut !
(*chanté*) Ça n'se dit pas,
Ou ça se dit tout bas !

PATARIN

Tu nous mets dans le cas
D'passer pour des bourgeois!

Mme PATARIN

C'est qu'Darius Milhaud, moi...

PATARIN, *fronçant le sourcil*

Quoi??

Mme PATARIN, *humblement*

Je n'y comprends rien.

TOUS, *définitifs*

C'est qu'c'est très bien!

PATARIN, *parlé*

Alors, vraiment, ma petite fille.... tu es contente de mon peintre?

COLETTE

Moi?.. Ravie, emballée! C'est bien simple : je lui commande mon portrait!

(*A André*). Vous voulez bien faire mon portrait, monsieur?

ANDRÉ

Mais comment donc, mademoiselle!

COLETTE, *à André*

Alors, première séance demain. Ça colle?

Mme PATARIN

Mais, ma petite fille...

COLETTE

Quoi, ma petite mère?

Mme PATARIN

Tu oublies que nous partons ce soir.

COLETTE, *très naturellement*

Monsieur aussi.

PATARIN

Monsieur aussi?

COLETTE

Oui, monsieur part avec vous.

Mme PATARIN

Tu décides, tu décides... Tu penses bien que monsieur a ses occupations à Paris.

COLETTE

Mais il ne demande qu'à les plaquer, ses occupations à Paris! (*A André*). N'est-ce pas, Monsieur?

ANDRÉ

C'est-à-dire...

COLETTE

C'est-à-dire qu'il a justement besoin de changer d'air et le plus tôt possible... Eh bien, ma foi, nous sommes d'accord. Départ général en auto dans une heure.

Mme PATARIN

En auto?

COLETTE

Oui, on ne prend plus le train : on part en auto.

PATARIN

Mais ta mère n'aime pas les longues étapes.

Mme PATARIN

Non, je n'aime pas...

COLETTE

T'en fais pas, maman, on couchera en route. Nos malles sont prêtes... (*A André*). Il faut vingt minutes pour boucler la vôtre... Dans une heure, rendez-vous devant votre porte. Nous venons vous cueillir.

PATARIN

Mais je ne peux pas partir dans une heure.

COLETTE

Pourquoi? Tu es riche, tu n'es pas un esclave, tu es bien libre de faire ce que je veux.

PATARIN

Pardon, j'ai une visite à rendre cet-après-midi... une visite indispensable.

Mme PATARIN

A qui?

PATARIN *gèné*

A... à...

COLETTE

Tu vois... tu ne sais même pas à qui.

PATARIN

Mais si, je sais à qui !.. A mon fondé de pouvoirs.

COLETTE

Nous y passerons en sortant.

PATARIN

Et puis ce n'est pas tout çà ! Tu disposes de moi, tu disposes de monsieur, de ta mère... et de mon fondé de pouvoirs... Tu ne négliges qu'un petit détail, c'est que nous ne villégiaturons pas chez nous : nous villégiaturons chez la baronne.

ANDRÉ

Ah ! oui, au fait... vous villégiaturez...

COLETTE

Petit détail, tout petit détail.

PATARIN

Comment, « petit détail » ?

COLETTE

C'est toi qui viens de le dire.

PATARIN, *suffoqué*

Tu es... tu es... ahurissante !

COLETTE

Oh!... Papa! Cette façon de parler à ta fille!... Tu entends maman... la façon dont ton mari me parle?.. (*Elle s'est assise prête à défaillir. Début d'une petite crise de nerfs.*)

Mme PATARIN, *à son mari*

Le fait est, Achille... tu as tort... Cette enfant est si sensible!

PATARIN

Tu m'embêtes! Je n'ai pas de leçons à recevoir de toi!

Mme PATARIN

Bon! Si tu tiens à ce qu'elle tombe malade...

PATARIN

Je tiens à ce qu'elle tombe malade, moi?

COLETTE, *bas à André*

Suprême ressource: ils se disputent... je les tiens! (*Coup de sonnette*) La Baronne!... Allez ouvrir.

(*André va à la porte, cependant que les Patarin échangent des propos aigres.*)

ANDRÉ

Mais vous croyez que la Baronne?...

SCÈNE X

LES MÊMES, LA BARONNE

LA BARONNE, *entrant*

Vous parliez de moi ?

ANDRÉ

Oui... Justement... Nous parlions...

LA BARONNE

Mais on se dispute, qu'est-ce qu'il y a ?

PATARIN

Il y a que cette petite est insupportable !

COLETTE

Il y a que mes parents... D'ailleurs, jugez-en vous-même ! (*Imposant silence à ses parents. A la baronne*). N'est-ce pas que ça vous est égal de partir dans une heure ?

LA BARONNE

Dans une heure ?

COLETTE

Oui, en auto.

LA BARONNE

Mais... où allons-nous ?

COLETTE

Chez vous.

LA BARONNE

Chez moi... en auto ?

COLETTE

Vous ne voyez aucun inconvénient, je suppose, à ce que monsieur Sartène soit du voyage ?

LA BARONNE

Oh ! pas le moindre... Vous emmenez monsieur Sartène ?

COLETTE

Oui, il va en Bretagne, justement.

ANDRÉ

Permettez...

(*Colette le fait taire.*)

LA BARONNE, *à André*

Vous allez en Bretagne, cher ami ? Vous ne m'aviez pas dit...

COLETTE

Il ne pouvait pas vous le dire : il ne savait pas que vous l'invitiez.

LA BARONNE

Ah ! je l'invite ?

COLETTE

Au fait, c'est vrai, vous n'en saviez rien non plus... Eh bien, voilà, je vous l'apprends.

PATARIN

Ma petite fille, ça ne se fait pas...

COLETTE

Chut! Sachez, baronne, que nous sommes littéralement enthousiasmés de votre protégé et que nous lui commandons mon portrait, celui de maman, le vôtre, toute la famille en groupe, de face, de trois quarts et de profil, mon bull-dog et mon poney... Douze tableaux en tout! (*Avec un sourire engageant et plus bas*). Vous parlez d'une affaire!

LA BARONNE

Douze tableaux ! (*A elle-même*). Douze fois cinq...

PATARIN, *à la baronne*

Cette enfant est complètement folle...

LA BARONNE

Oui, oui... laissez-moi compter.

ANDRÉ

Baronne, je vous jure que c'est mademoiselle...

LA BARONNE, *à elle-même*

Soixante... 20 % sur 60... voyons, le cinquième de 60...

PATARIN

Excusez-la, elle est un peu despote...

LA BARONNE, *à part*

Douze mille! (*A André*). J'espère que vous n'avez pas douté un instant, cher ami, du plaisir que j'aurai à vous recevoir chez moi...

COLETTE, *à André*

Ah! quand je vous le disais!

ANDRÉ

Vraiment, baronne, je suis confus...

Mme PATARIN

Comment vous remercier, chère amie!

LA BARONNE

Et puisque cette chère mignonne le désire, nous partons dans une heure.

PATARIN, *bas à la baronne*

Et ma visite à Nane?

LA BARONNE, *bas*

Je viens de la voir... Tout est entendu.

PATARIN, *bas*

Ah!... Contente?

LA BARONNE, *bas.*

Estomaquée.

COLETTE, *à mi-voix. à André*

Eh bien, vous voilà délivré!

LA BARONNE, *à mi-voix, à Patarin*

Elle nous rejoint dans trois jours.

ANDRÉ, *à la baronne*

Mais vous êtes sûre que je n'abuse pas ?... J'ai conscience d'abuser...

FINALE

LA BARONNE, PATARIN, Mme PATARIN, ANDRÉ, COLETTE

LA BARONNE

Si vous abusiez, je n'vous cach'rais rien :
Tout s'arrange très bien !

TOUS

Très bien ?

LA BARONNE

Très bien !
(*A André*).
J'ai pour vous, mon cher, avec un bon lit,
Une chambre d'ami...

ANDRÉ

D'ami ?

LA BARONNE

D'ami.

PATARIN

C'est en vérité
D'une grande simplicité :
(*A la baronne*).
Dans votre castel
Monsieur sera mieux qu'à l'hôtel,
Et nous peindra, s'il le veut,
Dans votre jardin, sous le ciel bleu.

COLETTE

Parbleu !

PATARIN ET Mme PATARIN

Parbleu !

LA BARONNE

Parbleu !

(*A André*)

Je compte sur vous : ce sera charmant
Et pratique vraiment !

ANDRÉ

Vraiment ?

LA BARONNE

Vraiment !

Un artiste élu par des gens de goût
Doit les suivre partout...

ANDRÉ

Partout ?

LA BARONNE

Partout !

PATARIN, *à André*

Songez qu'autrefois
Quentin-Latour suivait le Roi,
Et que ses pastels
A caus' de ça sont immortels !
Nous n'somm's pas le Roi-Louis,
Mais c'est pareil aujourd'hui,
Nul talent sans nous ne resplendit !

TOUS

Pardi !

Ah ! chez la baronne
Quel bon temps l'on va passer !
Mon cœur s'abandonne
A l'extase d'y penser !

COLETTE, *à André*

Vous me semblez un peu soucieux,
Cher monsieur...

ANDRÉ

Un scrupule que je bannis...
C'est fini !

TOUS, *sauf André et la Baronne*

Il est entendu qu'on part ce soir
Pour votre manoir ?

LA BARONNE

Mais bien sûr c'est entendu !

COLETTE ET Mme PATARIN, *à André*

Hein, monsieur, c'est entendu ?

PATARIN, *à Colette et à Mme Patarin*

Monsieur nous a répondu ?
(*A André*)

Ensemble

Hein, vous avez répondu !

ANDRÉ

Mon Dieu oui, j'ai répondu.

TOUS

Pas besoin d'se dire au r'voir,
Puisqu'on part tous pour le manoir...

COLETTE

Dès ce soir,

ANDRÉ

Dès ce soir,

PATARIN ET Mme PATARIN

Dès ce soir,...

LA BARONNE

Dès ce soir,...

TOUS, *moins la Baronne*

Ensemble

Et qu'tous ensemble on vivra chez la baronne !

LA BARONNE

Et l'on ne s'embêt'ra pas chez la baronne !

TOUS

Quel bon temps l'on va passer !
Mon cœur s'abandonne
A l'extase d'y penser !

PATARIN, *serrant la main d'André*

Ensemble

Ah ! mon cher, je suis ravi !

ANDRÉ, *à Patarin*

Cher monsieur, je suis ravi !

TOUS, *sauf André et Patarin*

On peut dir' qu'on est ravi...

Ensemble

PATARIN, *même jeu, à André*

Mais comment donc ! Enchanté !

ANDRÉ, *à Patarin*

Je dirai même : enchanté !

TOUS, *sauf Patarin et André*

Et qu'on est même enchanté !

TOUS

Le destin nous a servis
On ne va plus se quitter !

PATARIN, *à Colette*

Mais puisqu'on agit à ton gré,
Puis-je espérer,
Fifille,
Que tu vas te montrer
Gentille
Avec ton papa ?

COLETTE

Mais je ferai tout c' qu'il voudra,
Ce bon papa.

PATARIN

Hé bien, voici...

LA BARONNE, *l'interrompant gracieusement*

Hé bien, voilà !
Nous avons pour vous un parti
Remarquable !

ANDRÉ, *saisi, à part*

Un parti !

COLETTE, *à la Baronne*

Vraiment trop aimable !
Et qui c'est-y ?

LA BARONNE

Hé bien, voilà...

PATARIN, *l'interrompant, à Colette*

Hé bien, voici !
Ce parti, c'est un mari...

COLETTE

Allons donc !

LA BARONNE,, *interrompant Patarin*

Je crois nécessaire
D'expliquer moi-même l'affaire...
(*Bas, sévèrement à Patarin*)
Avez-vous compris ?

PATARIN

Bon, bon, j'ai compris...

ANDRÉ, *à Colette, à mi-voix*

Un mari ?

COLETTE, *à mi-voix*

Vous bilez pas : laissez-moi faire.
(*Haut, à la Baronne*).
Et quel est ce mari ?

LA BARONNE

C'est un Vidame
De vieille race, pur Breton!
Aucun époux, je le proclame,
Ne peut être de meilleur ton
Que mon Vidame!

COLETTE

Joli garçon?

LA BARONNE

Jamais on ne réclame,
Pour un homme, le profil grec.
Mais quel beau nom! C'est le Vidame
Le Vidame de Kermadec!

COLETTE

Va donc pour le Vidame
De Kermadec!

PATARIN, *à la baronne*

Mais ell' prend la chose assez bien!
Dame! Un Vidame ce n'est pas rien!

TOUS

Dame! Evidem-
ment, un Vidame,
Ce n'est pas rien!

COLETTE

Un Vidame

Ah! Madame,
Vous comblez mes vœux!
Qu'il soit frais ou qu'il soit rance,
Qu'il soit sourd depuis l'enfance,
Qu'il n'ait pas d' cheveux,
Qu'il en ait un peu,
Tout ça n'a pas d'importance :
Ce Vidame
De mon âme,
Je n'l'ai jamais vu,
Il n'm'a pas vu' davantage,
Mais je m'dout' qu'un tel mariage
Ne l'a pas pris au dépourvu
Et qu'ce gentilhomme a bien tout prévu :
Il a dû s'dir' : « Ça va :
C'est un' goss' de riche!
Les fafiots du papa,
Faut que j' les déniche! »
Et j' comprends c' monsieur-là,
Car un' goss' de riche
Sait bien qu' l'hymen, c'est nib d'amour,
Et d' la galette autour!

COLETTE, ANDRÉ

Ensemble { *Reprise jusqu'à :*
« Il m'dégout'ce typ-là!
Les pauv's goss's de riche
Sav'nt bien, etc...

Ensemble

PATARIN, LA BARONNE, Mme PATARIN

Il n's'est pas dit : Ça va...
etc....
Je prôn' ce mari-là,
Car un' goss' de riche
Peut dans l'hymen trouver d'l'amour
Et d'la galette autour !

PATARIN, *à Colette*

Ah ! quel honneur pour toi, cher ange d'innocence,
D'avoir un mari de mon goût !

ANDRÉ *à Patarin*

Et surtout, cher monsieur, surtout
Ah ! quel honneur pour vous
Que cette noble alliance !

PATARIN *à André*

Quand on est chic, chic, chic comme je suis,
L'honneur, monsieur, est surtout pour celui
Qui près de moi s'introduit
Comm' vous le fait's aujourd'hui !
Quand on est chic, chic, chic comme je suis,
Par qui donc être ébloui ?
On est le soleil qui luit
Quand on est chic, chic, chic comme je suis !

PATARIN

Reprise

LES AUTRES

Ensemble

Quand on est chic, chic, chic, comme il le dit,
C'est vrai qu'l'honneur est surtout pour celui
Qui près de lui s'introduit
Comm' vous le fait's aujourd'hui!
Quand on est chic, chic, chic, comme il le dit,

Etc...

RIDEAU

DEUXIÈME ACTE

Le grand salon du Manoir breton annoncé au premier acte. Portes fenêtres largement ouvertes sur une terrasse qui domine le parc. Belle matinée d'été.

SCÈNE I

ANDRÉ, HUBERT, puis LA BARONNE, puis COLETTE

HUBERT, *domestique*, au téléphone

Allo... Non, ne coupez pas, je cause avec Paris... L'agence Francis Stone... Ah! c'est monsieur Stone?... On nous avait coupés... Monsieur a entendu ce que je lui disais?.. Pas très bien? Ah! c'est que madame la Baronne m'a recommandé de ne pas gueuler... Oui, elle prie monsieur Stone de répondre à monsieur Fernandez qu'il n'y a pas mèche... Elle peut pas y laisser le château avant le premier août... Monsieur Fernandez aurait été jusqu'à 15.000 pour emménager tout de suite?... Ah! je dis pas, monsieur... Mais madame la Baronne a des invités... Probable qu'elle ose pas les foute à la porte... Enfin, je lui transmettrai... Si elle peut les balanstiquer plus tôt, sûr qu'elle se fera un plaisir... Oui, monsieur... Bien, monsieur.

(André vient d'entrer... Il a pris des journaux sur une table et, gêné de ce qu'il entendait, se dispose à sortir lorsque la baronne paraît.)

LA BARONNE, *à Hubert*

Qu'est-ce que c'est?

HUBERT

C'est l'agence... Madame la Baronne désire peut-être y causer elle-même?

(La Baronne hoche la tête, négativement)

HUBERT

C'est parce que le monsieur de Chicago aurait voulu un reçu de l'indemnité.

LA BARONNE

Mais monsieur Stone lui en a signé un.

LE DOMESTIQUE

Il en demande un du propriétaire.

LA BARONNE, *qui vient d'apercevoir André*

Oui... oui... ça va. *(Elle fait signe au domestique de couper court et de filer.)*

LE DOMESTIQUE, *à l'appareil, même ton*

Oui... oui... ça va, monsieur. *(Il raccroche et dési-*

gnant André, bas à la Baronne). Je l'avais pas vu... Oh! mais que madame la Baronne se rassure, j'ai pas gueulé. (*Il sort.*)

(*André veut s'éclipser discrètement*)

LA BARONNE

Non, inutile, mon ami... Vous allez bien?

ANDRÉ

Oh! pardon, baronne... mes hommages.

LA BARONNE, *désignant le téléphone*

Vous avez entendu, naturellement.

ANDRÉ

Pas un mot, baronne, pas un mot.

LA BARONNE

Bah! vous êtes discret, hein?... Et d'ailleurs vous deviez bien vous douter que je n'étais pas propriétaire de ce magnifique domaine.

ANDRÉ

Le fait était que j'étais un peu étonné... Vous n'êtes que locataire?

LA BARONNE

Oui... si on veut... C'est-à-dire que, en réalité, ce n'est pas tout-à-fait aussi simple que ça : cette propriété appartient à un de mes amis... qui m'avait chargée de la louer pour l'été... Entre nous, hein?

ANDRÉ

Parbleu !

LA BARONNE

Alors je l'ai louée pour trois mois à un industriel de Chicago qui comptait y passer ses vacances avec sa petite amie... Seulement voilà-t-il pas qu'à la veille de venir s'y installer, l'industriel de Chicago s'aperçoit brusquement que sa petite amie... avec un coureur cycliste, mon cher !.. Alors, il décide de repartir pour l'Amérique.

ANDRÉ

Complètement dégoûté, je comprends ça.

LA BARONNE

Vous pensez ! Avec un coureur cycliste ! C'est tellement démodé !... Il demande à résilier... Nous convenons d'une indemnité de 20.000...

ANDRÉ

... Que vous versez au propriétaire.

LA BARONNE

Que j'allais verser au propriétaire, lorsque le hasard me met en rapports avec un Brésilien, monsieur Fernandez, qui s'emballe sur le château et m'en offre pour août et septembre le même prix que l'homme de Chicago pour les trois mois. Qu'est-ce que je fais, moi ?

ANDRÉ

Vous présentez Fernandez au propriétaire.

LA BARONNE

Dieu, que c'est agaçant de parler de ces choses-là avec des gens qui ne sont pas de la partie!... Je ne présente rien du tout et je signe avec Fernandez. Comme ça, j'ai juillet à l'œil! Vous y êtes?

ANDRÉ

Ah! ça, c'est du billard! Et l'indemnité, alors?

LA BARONNE, *avec un aimable sourire*

Hé, mon petit, j'ai des frais moi, ici... Ça coûte, de recevoir ses amis...

ANDRÉ

Baronne, vous avez du génie, tout simplement.

LA BARONNE

Pas de grands mots. J'ai le sens des affaires modernes, voilà tout.

COUPLETS

I

Faible et tendre femme sans soutien,
Il faut bien
Quand on ne fait rien, savoir y faire,
C'est peut-être indigne de mon rang,
Mais ça rend...
Et — que voulez-vous? — la vie est chère!

(*Montrant un énorme brillant à son doigt*).

Ce menu joyau, — vous l'ai-j' dit déjà ? —
C'est le don d'un radjah
Tout heureux d'avoir rencontré chez moi
Quelques frais minois...
Comment me suis-je procuré
Ma superbe limousine ?
Combine....
Pourquoi le prix si modéré
De ma cape en zibeline ?
Combine....
Et quand j'vante à quelque amateur
Votre coloris enchanteur,
D'où vient ce zèle si flatteur ?
(*Parlé*) Hein ?
(*Chanté*) Combine....

II

Ne vous en frappez d'ailleurs qu'à d'mi,
Mon ami :
La combine est la reine du monde !
Les honneurs, le luxe et le plaisir,
A choisir,
On a tout par Elle... (*Souriant*) C'est immonde !
Si vous convoitez un appartement...
Ou le prix du roman,
Usez d' la combin' car y a pas d' veinards,

Y a qu' des combinards!
Le favori reste au poteau,
La Royal-Dutch se débine :
Combine...
Tel boxeur, et des plus costauds,
Vend de la batt'ri' d' cuisine :
Combine...
On poursuit, car c'est un forban,
Un banquier véreux mais flambant :
Il s'en tire avec... le ruban :
Combine!

LA BARONNE, *parlé*

Et maintenant, parlons de vous : ça marche, le portrait de mademoiselle Patarin?

ANDRÉ, *modérément affirmatif*

Ça marche, ça marche... N'oubliez pas, Baronne, qu'on n'est ici que depuis trois jours.

LA BARONNE

C'est entendu. Mais je vous ai obtenu un joli travail en série... Alors, du rendement, hein, mon petit, du rendement!... Vous n'avez pas encore vu monsieur et madame Patarin, ce matin?

ANDRÉ

Je crois qu'ils sont allés jusqu'au bourg. Je ne sais pas pourquoi, mais monsieur Patarin semblait ne pas tenir en place.

LA BARONNE, *d'un air détaché*

Je ne sais pas pourquoi non plus... A propos, que je vous annonce deux invités... qui nous sont arrivés par le train de nuit : monsieur et madame Mézaize.

ANDRÉ

Mézaize... C'est le monsieur que vous avez amené l'autre jour dans mon atelier ?

LA BARONNE

Lui-même.

ANDRÉ

Un homme charmant. Il est marié ?

LA BARONNE

Depuis cinq ans... A une femme délicieuse, vous verrez. C'est un couple très uni, d'une très grande dignité de vie... (*Entre Colette*). Mais voici notre petite Colette !

COLETTE, *saluant*

Baronne... (*A André*). Bonjour, mon peintre...

ANDRÉ

Bonjour, mon modèle... (*Shake hand familier*).

COLETTE

Et alors, baronne... Il paraît que vous avez un arrivage ?

LA BARONNE

Ah ! vous savez ?... Oui, justement, j'étais en train de dire à monsieur Sartène... Dès que vos parents seront de retour, je leur présenterai mes nouveaux hôtes, que le voyage de nuit a un peu fatigués... Ils ne vont pas tarder à sortir de leur chambre... Vous permettez, j'ai quelques ordres à donner pour le déjeuner...

COLETTE

Mais je vous en prie...

LA BARONNE

Vous devriez profiter de ces instants de loisir pour faire travailler votre peintre.

COLETTE

Tiens, oui, ça, c'est une idée.

LA BARONNE, *à André*

Et du rendement, hein, du rendement! (*Fredonnant avec un clin d'œil à l'adresse d'André*). Combine... (*Elle sort*).

SCÈNE II

ANDRÉ, COLETTE

COLETTE, *souriant*

Alors, on travaille ?

ANDRÉ

On travaille. Je vais aller chercher mon chevalet.

COLETTE

Voulez-vous laisser votre chevalet tranquille? Allons, venez ici... tout de suite. Approchez... Eh bien, elle a répondu?

ANDRÉ

Non, pas encore, figurez-vous... elle n'a pas encore répondu.

COLETTE

Quand avez-vous écrit, exactement ?

ANDRÉ

Mais... le soir même de notre arrivée ici.

COLETTE

Et qu'est-ce que vous disiez, au juste?

ANDRÉ

Eh bien, n'est-ce pas, j'expliquais... que j'avais dû quitter Paris subitement... à cause d'une grosse commande ... très grosse et très pressée...

COLETTE

Et après?... C'est tout?

ANDRÉ

Oh! non, ce n'est pas tout!... Enfin, c'est le principal... Oui, c'est à peu près tout.

COLETTE

Ah? Et c'est ça que vous appelez une lettre de rupture?

ANDRÉ

Oui, c'est ça... enfin, non, ce n'est pas ça tout-à-fait... C'est plutôt une avant-lettre... une sorte de préface un peu inquiétante...

COLETTE

Ta, ta, ta! Tout ça, c'est des boniments! Vous n'avez pas rompu.

ANDRÉ

Écoutez, petite Colette, mettez-vous à ma place! Je ne sais même pas si j'ai des chances d'être agréé par votre père....

COLETTE

Vous n'avez pas « des chances », vous avez toutes les chances, puisque vous êtes agréé par sa fille... Je lui parle tout le temps de vous sans avoir l'air de rien... Je vous dis que vous lui plaisez beaucoup! C'est plutôt moi qui ne vous plais pas, puisque vous hésitez à balancer la dame.

ANDRÉ

Oh! Colette! pouvez-vous croire...?

COLETTE

Alors je me demande ce qui vous arrête ! Une rupture par lettre, mais c'est l'enfance de l'art! Vous avez un stylo?

ANDRÉ

Oui, pourquoi?

COLETTE

Tenez, voilà du papier. Je vais vous la dicter, votre lettre.

ANDRÉ

Oh! ça, je veux bien!

COLETTE

Allez, vous y êtes? Ready?

ANDRÉ

Go!

COUPLETS

I

COLETTE

« Il faut briser le lien charmant
De notre chaîne...
J't'expliqu'rai pourquoi plus longu'ment
Dans ma prochaine...
Mais pour que tu ne sois pas trop
Endolorie,
Je ne te dis mon sort nouveau
Qu'à demi-mot :
Je me marie ».

ANDRÉ

Il faut écrire ça?

COLETTE

Bien sûr!

Si notre projet n'est pas mûr,
Il peut l'être demain... enfin, un jour ou l'autre...

ANDRÉ

Oh! mais mon jour sera le vôtre!

COLETTE

Alors pourquoi donc hésiter?

ANDRÉ

Continuez à me dicter...

II

COLETTE

« Je voudrais te peindre à loisir
Ma peine amère...
C' qui m' consol', c'est que j' fais plaisir
A ma vieill' mère...
Ma future est d'ailleurs très bien...
Je dirai même,
Quand son regard baigne le mien,
Que je deviens...
Enfin, je l'aime »!

ANDRÉ

Il faut écrire ça?

COLETTE

Mais oui...

Si l'amour vous manque aujourd'hui,
Il peut naître demain... mettons dans la huitaine...

ANDRÉ

Il est né, soyez-en certaine !

COLETTE

Alors ?...

ANDRÉ

Je vais copier ceci...
Et merci... merci pour Elle... merci !

(*Colette sort*).

(*André prenant une feuille de papier et commençant a écrire*). « Ma petite Nanou » (*Il s'arrête, relit sa sténographie*). « Enfin... je l'aime... » (*Songeur*). « Je l'aime »... cest bien brutal !... Je vais mettre : « Elle m'aime ».... c'est plus délicat.

(*Entre Mézaize.*)

SCÈNE III

ANDRÉ, MÉZAIZE

MÉZAIZE, *il vient de sa chambre ; il porte un complet havane, un herbier et un filet à papillons ; regardant le ciel.*

Belle journée ! De tout premier ordre !...

(*Il va pour sortir.*)

ANDRÉ

Tiens ! monsieur Mézaize ! (*Il se lève et salue*). Cher monsieur...

MÉZAIZE, *saluant*

Cher monsieur...

ANDRÉ, *lui tendant la main*

Enchanté de vous serrer la main.

MÉZAIZE

Moi de même, croyez bien.

ANDRÉ

J'ai appris votre arrivée par la baronne. Et vous voilà déjà parti pour la chasse aux papillons ?

MÉZAIZE, *très mondain*

Que voulez-vous, je suis un fanatique des sports! Il paraît que la faune papillonnesque de la région est d'une richesse exceptionnelle... Alors, pendant que ma femme achève de s'habiller... Ton ton, ton taine, ton, ton!... Je vais à la chasse (*Finement*) mais... sans perdre ma place.

ANDRÉ

Très joli.

MÉZAIZE

Un peu d'esprit ne gâte rien.

ANDRÉ

Quand je vous ai vu à Paris, je ne vous savais pas marié.

MÉZAIZE, *étourdiment*

Moi non plus... (*Se reprenant*) Moi non plus, je

ne savais pas que vous ne me saviez pas marié... Mais permettez que je vous présente à ma femme... (*Allant à la porte de sa chambre, et appelant*) Ma chère amie! (*A André*) La voici.

ANDRÉ, *prenant une pose avantageuse*

Ah! Charmé...

(*Entre Nane*).

SCÈNE IV

LES MÊMES, NANE

ANDRÉ, *sursautant*

Bon Dieu! Mais c'est Nane!

NANE, *très à l'aise*

Tiens, monsieur Sartène!... Ravie de vous rencontrer, cher ami. Vous allez bien?

ANDRÉ, *abasourdi*

Comment?... Qu'est-ce que c'est?

NANE, *à Mézaize*

Gros effet, Léon! Gros effet sur Monsieur Sartène... Vous permettez que je lui explique? C'est un de mes vieux camarades.

MÉZAIZE

Faites donc, je vous en prie.

ANDRÉ, *à part*

Qu'est-ce que c'est que ce Mézaize-là ?

NANE

Il faut vous dire, mon cher monsieur Sartène — car vous ne le savez peut-être pas — il faut vous dire que j'ai pour protecteur un monsieur Patarin.

ANDRÉ, *stupéfaction croissante*

Ah ! oui ?

MÉZAIZE, *à André*

Achille... Achille Patarin... qui séjourne au château.

ANDRÉ

Parfaitement.

NANE, *à André*

Or, figurez-vous que ce Patarin voulait à toutes forces m'avoir avec lui pendant sa villégiature. Alors cette excellente baronne m'a dégoté un mari en locatis. Et voilà.

MÉZAIZE

Et voilà ! C'est moi le locatis.

ANDRÉ

C'est vous le loc... Eh bien, ça !

MÉZAIZE, *amusé*

Oui... Croyez-vous ? Je trouve ça énorme.

NANE

Taisez-vous, Léon.

MÉZAIZE

Bien, chère amie.

NANE, *à André*

Moi, naturellement, vous sachant dans ce pays, vous pensez si j'ai sauté sur l'occasion !... Gros vilain, qui étiez parti sans même me dire au revoir ! Enfin, vous m'avez écrit, le mal est réparé.

ANDRÉ

Oui, en effet, le mal...

NANE

Alors... la grosse commande ?

ANDRÉ, *affreusement gêné*

La grosse commande.

NANE

Et les scrupules ? Envolés, à ce que je vois. Mais vous avez bien raison, mon ami ! Je vous l'ai toujours dit : « T'es jeune, tu débutes... T'en fais donc pas pour la délicatesse ! »

ANDRÉ, *à mi-voix désignant Mézaize*

Mais voyons... tu es folle... Prends garde ! (*Voyant Mézaize et Nane qui se mettent à rire*). Quoi ?

MÉZAIZE et NANE

Coucou! On l'a eu!

NANE

Alors quoi? T'as pas compris, grosse bête, que Léon était au courant de ça... comme du reste?

ANDRÉ

Comment?

MÉZAIZE

Rigoureusement exact, cher monsieur. Madame a jugé préférable de me prévenir que vous étiez deux. Rassurez-vous, je comprends la vie.

NANE

Oh! ça... il comprend la vie.

MÉZAIZE

Mais j'y songe, vous avez sans doute à échanger quelques aimables confidences...

NANE

Justement, mon Léon.

MÉZAIZE

Bien, ma Nane : je vais chasser le papillon... mais d'un œil... De l'autre, je guette... Ah! au fait...

(Il redescend et siffle un motif).

ANDRÉ

Quoi?

MÉZAIZE

Le signal... si quelqu'un survenait... Le motif de l'Oiseau dans les « Murmures de la Forêt ». Ça va ?

ANDRÉ

Ça va... très artistique.

MÉZAIZE

Pour la campagne, n'est-ce pas ? J'ai pensé que ça se mélangerait assez agréablement... Oui... oui... A tout à l'heure. (*En s'éloignant*). Ils sont charmants ! (*Il sort*).

NANE *à André*

Et alors ? T'es content de me revoir ? C'est drôle, j'arrive toute réjouie, et ce n'est pas pour dire... mais tu ne me sembles pas très emballé.

ANDRÉ

Si, si, je t'assure je suis... tout ce qu'il y a d'emballé... (*On entend le signal de Mézaire*). Attention, on vient...

(*Il s'éloigne d'elle*).

NANE

Qui c'est-y ?

ANDRÉ

La baronne.

(*Entre la baronne, suivie de Mézaize*)

SCÈNE V

LES MÊMES, LA BARONNE, puis PATARIN, COLETTE, puis HUBERT

LA BARONNE, *empressée*

Ah! voilà cette chère amie!

MÉZAIZE

La voilà, baronne, la voilà.

LA BARONNE

Tout à fait reposée, j'aime à croire?

NANE

Tout à fait, je vous remercie...

LA BARONNE

Heureuse d'être ici?

NANE, *clin d'œil à André*

Ravie!

LA BARONNE

Mézaize, vous avez présenté monsieur Sartène à votre femme?

MÉZAIZE

Oui, oui, parfaitement, dans les règles...

LA BARONNE *à Nane, désignant André*

Un garçon délicieux... doublé d'un bel artiste...

MÉZAIZE

Ce qui ne gâte rien.

NANE

Au contraire.

LA BARONNE, *prenant André à part*

Ecoutez un peu, Don Juan, je vous avertis : Ne faites pas la cour à madame Mézaize... Mézaize est un tigre! Il n'en a pas l'air... mais c'est un tigre. (*A Mézaize et à Nane*). Ah ! chers amis, que je vous dise : la famille Patarin me suit.

MÉZAIZE

Nous serons charmés de la connaître.

LA BARONNE, *bas à Mézaize*

Je compte sur vous, hein? Vous serez à la hauteur?

MÉZAIZE

Soyez tranquille. Vous aimez mon complet?

LA BARONNE, *passant*

Infiniment. (*Bas à Nane*). Patarin est dans une de ces émotions!

NANE, *bas*

Moi, je tiens le coup.

LA BARONNE

Bravo! Moi aussi... (*Entre la famille Patarin*). Ah! les voici!

SEPTUOR

M. Mme et COLETTE PATARIN, LA BARONNE,

ANDRÉ, NANE et M. MÉZAIZE

LA BARONNE, *présentant le couple Mézaize*

Arrivés de Paris
Cette nuit, mes amis
Les M'ézaize...

(*Salutations et léger brouhaha de politesses*)

PATARIN, *en confidence à sa femme.*

Tout à fait appréciés
Dans la haute socié-
té française !

(*Même jeu*)

LA BARONNE, *présentant les Patarin*

Côté cour et jardin,
Mes vieux amis Patarin...

PATARIN, *désignant André qui se laissait oublier dans un coin.*

Et Monsieur...

NANE, *très mondaine, avec un rien d'ironie.*

Oui, je sais,
Mon mari m'a dit qui c'est.

TOUS, *un peu confusément*

Très flatté...
Enchanté...
De vous être présenté...

PATARIN

Ensemble

Sans en avoir l'air,
Déployons du flair,
Au début de la partie!
C'est un coup scabreux
Mais je vois qu'entre eux
Naît déjà la plus viv' sympathie!
Des propos mondains,
Des gestes badins,
De galantes réparties,
Des saluts profonds :
Mais voyez donc au fond
Le beau quadrille qu'ils font!

LA BARONNE

Ensemble

Observons le jeu
Voyons un peu
S'il s'engage au gré de mes vœux!
Chacun paraît heureux!
Les combiner entre eux,
C'était scabreux!
Pourtant tous à qui mieux mieux
Font les gracieux!
C'est délicieux!
Admirons ce groupe harmonieux
Qui pose
Et cause
Galamment, tout le long
De mon salon!

(A) ENSEMBLE

de (A) à (B)

PATARIN, *à la Baronne*

Mais c'est merveilleux !

LA BARONNE, *à Patarin*

Ça s' passe on n' peut mieux !

PATARIN

Compliments pour la combine !

LA BARONNE, *braquant son face à main sur la petite scène qui se joue derrière eux*

Mézaize est parfait !

PATARIN

Si ma femm' savait
Qu'ell'cause à — cause à ma concubine !
Que je suis malin !
Ah ! que je suis fin !

LA BARONNE

Ou plutôt que je suis fine !

PATARIN

Offrez donc l' porto
Et les petits gâteaux !

LA BARONNE

(B) C' que ça fait château !

Mme PATARIN

(A) Avez-vous fait un bon voyage ?

MÉZAIZE

Le pays m'a l'air ravissant.

ANDRÉ

Je ne fais pas de paysage.

Mme PATARIN

L'auto, c'est plus intéressant.

NANE

La baronne est vraiment charmante !

MÉZAIZE

C'est un castel moyen-âgeux ?

COLETTE

... Bâti vers dix-huit cent quarante.

Mme PATARIN

... Le soir, nous jouons aux petits jeux.

NANE

Quel amour, votre demoiselle !

Mme PATARIN

Ell' jou' d' la harp'...

MÉZAIZE

J'en suis fervent !

Mme PATARIN

Et du banjo!

NANE

Ça m'ensorcèle!

Mme PATARIN, *à Nane*

Et vous, vous n'avez pas d'enfants?

NANE

Non, mais j'aperçois le Porto.

MÉZAIZE

Le Porto, ce n'est pas trop tôt!

NANE

Arrosé de petits gâteaux!

TOUS

(B) L' Porto!

II

Mme PATARIN, *à Nane*

On se r'trouve à Paris
Cet hiver... C'est promis?

NANE

J' vais à Cannes.

PATARIN, *qui s'est approché de Mézaize*

J' vous ai vu, mais chez qui?

LA BARONNE, *gouailleuse, à mi-voix*

Ne s'rait-c' pas chez l' Marquis
D' Castellane?

(Les deux hommes protestent qu'ils n'y sont allés ni l'un ni l'autre).

NANE, *bas, à André*

Tu d'vrais fair' le portrait
D' la famille au grand complet!

COLETTE, *prenant André à part*

Qu'est-c' que c'est qu' ces intrus?

ANDRÉ, *très gêné*

Mais ils me sont inconnus.

TOUS

On se plaît,
C'est parfait.
Et voyez le temps qu'il fait!

ENSEMBLE

de (A) à (B)

PATARIN

(A) Mais c'est merveilleux!

LA BARONNE

Ça va d' mieux en mieux!

ENSEMBLE

Le soleil est d' la combine!

PATARIN

That is glorious day...

LA BARONNE

Comm' dis'nt les Anglais.

PATARIN

Je frémis d'une joie enfantine!

LA BARONNE

Frémissez moins fort.

PATARIN

Vous n'avez pas tort.

LA BARONNE

Quand j' vous l' dis que je suis fine!

PATARIN

Repassez l' Porto
Et les petits gâteaux

ENSEMBLE

(B) Tout-à-fait la vi' d' château!

COLETTE

(A) Comm' c'est curieux!
Madame et monsieur

Mézaize
Me causent un malaise :
Drôles de pistolets!
Quelque chose en eux me déplaît;
J'aim'rais bien les voir sans délai
Reprendre le train pour Paris,
Elle et son mari,
Mais hélas! j'ai tout lieu
De penser que madame et monsieur,
— Et surtout monsieur —
Mézaize
La trouveraient mauvaise
De quitter aussitôt
Un si confortable château,
Où coule à flots ce vieux Porto
(B) Dont à la baronne on a dû faire cadeau!

ANDRÉ

(A) C'est prodigieux,
Ce coup de monsieur
Mézaize!
Je reste stupéfait
De ce que Nane me fait!
Vous avouerez en effet,
Que la mâtine à du toupet :
Elle se tord

Et me semble fort
A l'aise,
Tandis que je maudis, en mon « petto »
L'incognito
(B) Qui lui livra l'accès de ce château !

Mme PATARIN

(A) C'est délicieux,
Le ciel s'illumine !
Hier, il faisait
Encor très frais...
Divine,
L'heure est divine ! Vraiment
Ces gens sont charmants
Quell' fête ! Oh !
Parfaite ! Au
(B) Moins, ça n' manqu' pas d' Porto !

NANE

(A) C'est délicieux,
Le ciel s'illumine !
Hier, il faisait
Encor très frais...
Tout nous sourit. Evidemment,
L'accueil est charmant !
Quell' fête ! Oh !
Parfaite ! Au
(B) Moins, ça n' manqu' pas d' Porto !

MÉZAIZE

(A) C'est merveilleux!
Tout va des mieux!
Succès complet!
Comme d'habitude, je plais :
Je crois qu' j'ai fait
Un gros effet
Et que j'ai fière mine!
Dans cet emploi,
Nouveau pour moi,
J'ai réussi,
Merci, mon Dieu! Mon Dieu, merci!
Car rien ne vaut
La vi' d' château,
Les gais propos, les p'tits gâteaux,
(B) Et le Porto!

ENSEMBLE

de (*B*) *à* (C)

(B) COLETTE, Mme PATARIN, NANE

Ah! le bon château!
On r'pass' le Porto!
Est-il plus aimable hôtesse?
Faisons des façons
Mais reconnaissons
Qu'elle a dû fréquenter des Altesses,

Y a mêm' du Muscat
Et du Malaga,
Oui, mais, par délicatesse,
Trempons nos gâteaux
Dans un nouveau Porto
(C) Ça fait plus château !

PATARIN

(B) Ça marche comm' sur des roulettes!

LA BARONNE

Avec moi ça marche toujours.

PATARIN

Pourvu qu' Nan' ne fass' pas d'boulettes!

LA BARONNE

Cette enfant-là, c'est un amour !

PATARIN

Elle a l'air de plaire à ma femme.

LA BARONNE

Le fait est qu'ell' lui plaît beaucoup

PATARIN

Je suis p' t'être un mari infâme?

LA BARONNE

Vous êt's un mari, voilà tout.

PATARIN

Près d' moi, Don Juan...

LA BARONNE

N'était qu'un daim,

PATARIN

Qu'est-c' que vous dit's...

LA BARONNE

Moi, je vous aide.

PATARIN

... De l'intermède ?

LA BARONNE

Il est badin.

PATARIN

Concédez-moi qu' c'est assez raide
L'histoir' du couple camouflé !

LA BARONNE

Soit, mais sur l'air où j' vous l' concède,
Moi, ça finit par m'essoufler !

MEZAIZE

Le bon château !
Le bon Porto !
Disons, disons

Que la maîtresse de maison
A des façons
Qui sont, qui sont
Du meilleur ton
Et ton-ton tain', ton ton taine et ton ton ton !
Y a du Muscat
Du Malaga
Mais c'est charmant !
Et du Xérès, probablement...
J' parlais trop tôt !
Y a pas d' Xérès, mais le Porto
Fait plus château !

LA BARONNE *parlé*

Eh bien, nous voilà tout à fait en famille !

HUBERT

Monsieur le Vidame de Kermadec demande si Madame la Baronne est visible.

LA BARONNE, *avec empressement*

Oui, oui, certainement, je suis visible !... Priez le Vidame de m'attendre un instant.

LE DOMESTIQUE

Bien, madame la Baronne.

(*Il sort*)

LA BARONNE à *Patarin,*

C'est notre Vidame !

PATARIN, *occupé de Nane, distraitement*

Oui, oui, oui...

LA BARONNE, à *Colette*

C'est notre Vidame, chère mignonne... (*engageante*). Nous allons le recevoir ?

COLETTE

C'est ça, allez toujours... Vous venez, monsieur André ?

LA BARONNE, *surprise*

Vous nous quittez ?

COLETTE

Un instant.

LA BARONNE

Revenez tout de suite.

COLETTE

Oui, oui... (*entraînant André*). Allons, venez donc !

ANDRÉ

Bien, mademoiselle.

(*André et Colette sortent*)

LA BARONNE à, *Mme Patarin*

C'est notre Vidame, chère amie. Voulez-vous jeter un petit coup d'œil sur lui ?

Mme PATARIN

Très volontiers. Je vais appeler mon mari...

LA BARONNE

Non, non, justement, ne l'appelez pas... J'aimerais tant avoir d'abord votre avis de femme ! Vite, pendant qu'on ne s'occupe pas de nous... sortons sur la pointe des pieds.

Mme PATARIN *amusée*

Oui... c'est ça : sortons sur la pointe des pieds...

LA BARONNE (*en remontant, à Patarin*)

Hein... comme c'est fait !

(*Elle sort à la suite de Mme Patarin qui s'éloigne, avec les plus grande efforts pour ne pas être remarquée.*)

SCÈNE VI

PATARIN, NANE, MEZAIZE, *puis* COLETTE, *puis* LA BARONNE

PATARIN

Ouf ! j'ai cru que la baronne ne l'emmènerait jamais !... (*A Nane*) Nous avions hâte d'être seuls... tous les deux tout seuls... pas, mon chou ?

NANE, *paisiblement*

Oh ! oui, nous avions hâte.

(*Patarin regarde Mézaize qui s'est approché en souriant*)

MÉZAIZE, *affable*

Mais parlez, Monsieur. Suis-je de trop ? Je désirerais savoir ce qui vous est agréable. Dois-je demeurer en tiers, le dos tourné, en feuilletant l' " Annuaire des Châteaux " ? Estimez-vous plus encourageant que j'aille m'amuser dans le jardin ?

PATARIN

Oui, j'aimerais mieux... dans le jardin. (*A Nane*) N'est-ce pas, mon chou ?

NANE, *qui s'en fiche bien*

Comme tu voudras, mon loup.

MÉZAIZE

Alors, je m'en vais chasser le papillon. Mais je ne chasse que d'un œil... De l'autre, je guette... Ah ! au fait... (*Il recommence le sifflement modulé de tout à l'heure*)

PATARIN

Qu'est-ce que c'est que ça ?

MÉZAIZE

Le signal... si quelqu'un survient... Ça va ?

PATARIN

C'est bien, mais c'est un peu long ! Pendant que vous sifflez, on a le temps d'arriver.

MÉZAIZE, *légèrement froissé*

Voulez-vous ceci ? (*Sifflement plus bref.*)

PATARIN

Oui, je préfère.

MEZAIZE

A tout à l'heure, alors... A tout à l'heure... (*Sautant après un papillon*) Oh ! toi, je t'aurai ! (*Il sort, le filet en bataille*).

PATARIN

Enfin, seuls ! Bonjou, bonjou !

NANE

Bonjou, bonjou.

PATARIN

Tu es heureuse d'être ici, mon chou ?

NANE

C'est-à-dire, mon loup, que, si je n'étais pas venue, j'en aurais fait une maladie.

PATARIN, *transporté*

Comme elle m'aime !... Hein ! Tout de même, pour une idée, je crois que j'ai eu une idée !...

NANE

Tiens, je croyais que c'était la baronne...

PATARIN

Pas du tout ! La baronne a trouvé le moyen de te faire venir... Mais moi, j'ai trouvé l'idée de te faire venir. Si je n'avais pas trouvé l'idée, jamais la baronne n'aurait trouvé le moyen.

NANE

Oh ! je sais, tu es un débrouillard.

PATARIN

Vois-tu, le tout, dans la vie, c'est de savoir manœuvrer... Quand on est en face d'une difficulté, on ne l'attaque pas de front, on biaise... Voilà ma devise... Biaiser, mon petit Nanou, mais c'est la clé de bien des difficultés de l'existence !

COUPLETS

I

On fait la connaissance
D'un monsieur dans l'aisance
Et l'on ressent du goût aussitôt
Pour ses capitaux !
Mais le vol à la tire
Quelquefois vous attire
Une fâcheuse réputation

Et manqu' de distinction...
Dire à c' nabab : " Donn' ton pognon ! "
Il vous répondra : " Non " !
On biaise (*bis*)
Et pour lui barboter
Son pèze, (*bis*)
On le lui fait mettr' dans une société
. Vieille' maise...
- on française,
Fondé' la veill' par un cousin germain
Qui biaise (*bis*)
Vers Bruxell's le lend'main.

II

On répète une histoire
Vagu'ment diffamatoire,
Survient un type qui vous dément
Fort impoliment...
Il est d'allur' chétive :
Alors, on l'invective,
On l' trait' fièr'ment de mufle et de daim,
Mais on le voit soudain
Qui s' met en garde, très correct,
Pour vous f... un direct...
On biaise (*bis*)
On dit : « J'ai mal compris,..

La thèse (*bis*)
De ce monsieur du reste me sourit :
Plus j' pèse
Soupèse
Ses arguments, plus j' les trouv' convaincants »...
On biaise (*bis*)
(*parlé*) Oui, mais...
chanté). On n'a pas fichu l' camp.

III

Une dame un peu mûre
A l'oreill' vous murmure
Qu'elle a su lire au fond de vos yeux
Si malicieux
L'émoi que vous inspire
L'éclat de son sourire
Et le désir — que vous n'avez pas —
De ses vastes appas...
Comment s' tirer d'là sans meurtrir
Un cœur prêt à s'offrir ?
On biaise (*bis*)
On éloign' tout douc'ment
Sa chaise (*bis*)
Et l'on parl' du mari qu'on est vraiment
Bien aise (*bis*)
De voir surgir et vers qui, plein d'espoir,

On biaise (*bis*)
Du côté du fumoir...

IV

Par une soirée tiède
Où l'amour vous obsède,
Un' petit' femme aux yeux innocents
Tout à coup consent
A v'nir faire un' balade
Jusques à la Cascade
Dans votre auto, mais lorsque l'on veut
Préciser ses aveux,
Ell' s'écri' : « Quelle horreur, mon cher!.
D'abord... Il fait trop clair... »
On biaise (*bis*)
Vers des coins plus discrets,
L'malaise (*bis*)
De cette chaste enfant qui s'effarait
S'apaise (*bis*)
Quand ell' voit c' qu'il y a d' gens aux Acacias.
Qui biaisent (*bis*)
Qui biais'nt de c' côté là !..]

PATARIN *parlé*

Et voilà, mon chou!... Alors, c'est pour ce soir?

NANE

C'est pour ce soir... si je ne suis pas trop lasse... (*Sifflotis de Mézaize au dehors*). Oh ! prends garde !...

PATARIN

Quoi ?... Ah ! C'est Mézaize ?

NANE

Oui, attention !

MEZAIZE, *entre en bondissant, son filet à la main*

Oh ! toi ! je t'aurai ! (*Il abat son filet sur la table*).

PATARIN

Où est-il ?

MÉZAIZE

Nulle part. C'était pour entrer vite et d'une façon plausible. Mademoiselle Patarin est sur mes talons.

PATARIN

Ah ! bon !

(*Il prend une pose digne. Entre Colette*)

COLETTE

Tu n'aurais pas vu la baronne, papa ?... J'ai deux mots à lui dire.

LA BARONNE, *entrant*

Ah ! voici la mignonne ! (*A Colette*). Justement, je vous cherchais.

COLETTE

Parfait !

PATARIN, *à la baronne*

Et Colette vous réclamait...

LA BARONNE

Ça tombe bien ! (*A Patarin, le voyant offrir son bras à Nane*). Vous sortez ?

PATARIN

J'accompagne madame Mézaize... jusqu'au jardin... (*à Nane*) Tu viens, mon chou... (*Se reprenant*) vous venez, Chère madame ?

NANE, *acceptant le bras arrondi*

Volontiers, cher Monsieur... (*A Mézaize*). Vous êtes des nôtres, Léon ?

MÉZAIZE

Mais toujours, ma petite Nane, je suis toujours des vôtres !

(*Patarin et Nane sortent cérémonieusement. Il sort avec dignité à leur suite.*)

SCÈNE VII

LA BARONNE, COLETTE, *puis* MÉZAIZE *et* NANE.

COLETTE, *imitant Mézaize*

« Ma petite Nane... Ma petite Nane »... Ce Mézaize est idiot ! Quant à sa petite Nane, elle me déplaît souverainement ! Enfin, il n'est pas question de ça !

LA BARONNE, *tout sourire*

Non, non, il n'est pas question de ça ! Il est question du Vidame ! Votre maman l'a vu et elle le trouve charmant.

COLETTE

Ah ?... Il doit être moche.

LA BARONNE

Non, non, charmant, je vous assure... et tellement gentilhomme !

COLETTE

Oui, n'est-ce pas ? Au point de vouloir absolument s'allier aux Patarin.

LA BARONNE

Le type du gentilhomme dans le mouvement : les manières d'autrefois... et les idées d'aujourd'hui, mais c'est le rêve! ... Il est là... qui attend, tout ému, le pauvre petit... Je lui fais signe?

COLETTE

Un instant... Écoutez-moi bien, Baronne.

LA BARONNE

Mais je vous écoute, ma mignonne. Et alors?

COLETTE

Et alors?

COUPLETS

Non, mais sérieus'ment,
Vous avez pu croire un moment
Qu' j'avais besoin d' vous
Pour trouver un mari d' mon goût?
Qu'à vos p'tits Bretons,
Douc' comme un mouton,
J'allais bien gentiment faire accueil?
Mon œil!

LA BARONNE

« Votre œil »?

COLETTE

Mon œil!
Tenez-vous le pour dit
Sans prendre un air abasourdi,

Sans min' de stupeur,
Sans comprimer vos batt'ments d' cœur,
Malgré vos talents
Dans les jeux galants,
J' vous prie de n' plus vous occuper d' moi!

LA BARONNE

Pourquoi ?

COLETTE

Pourquoi ?

LA BARONNE

Pourquoi ?

COLETTE

Parc' que j' veux choisir
Qui m' f'ra plaisir!

LA BARONNE

C'est entendu,
Mais j'avais cru...

COLETTE

Quoi, quoi, quoi, qu'avez-vous cru ?
Dans la combin' je n' marche plus !
J' veux bien qu' vous m' procuriez tout,
Des perl's, des autos, des toutous...
J' veux bien aussi
Vous dir' merci

Quant à vos thés
Vous m'invitez
Et qu' j'ai pour danseurs
Tous les fils de vos fournisseurs!
Mais pêcher mon mari dans l' tas :
Je n' marche pas!

II

Pour flatter maman,
J'ai pioché les arts d'agrément,
Pris des l'çons d' dessin,
Des l'çons d' cuisin', des l'çons d' clav'cin...
Vous vous figuriez
Qu' des fill's à marier
J'allais suivre au trot le long troupeau?
La peau!

LA BARONNE

« La peau »?

COLETTE

La peau!
Que l'on m' coll' si l'on veut
Des ros's vert's sur un chapeau bleu,
Qu'on m' fass siroter
De l'eau d' goudron pour ma santé,
Tout ça m'est égal,

C'est l' droit familial,
Mais mon mari, ça n' regard' que moi !

LA BARONNE

Pourquoi ?

COLETTE

Pourquoi ?

LA BARONNE

Pourquoi ?

COLETTE

Parc' que c'est moi qui
S'rai dans son lit !

LA BARONNE

C'est effarant !
Et vos parents ?

COLETTE

Quoi, quoi, quoi ? L'usag' courant
S'rait-il d'y conduir' ses parents ?
J' n'ai pas pu, vous l' comprenez,
Choisir ma famille et mon nez,
Mais il est sûr
Que mon futur,
Bon gré mal gré,
Je l' choisirai !

Fait's vous une raison
Cett' fois nib de combinaison...
Baronn', je n' couch'rai pas avec
Vot' Kermadec !

LA BARONNE

C'est stupéfiant ! Mais alors, avec qui voulez-vous couch... (*Se reprenant*) avec qui voulez-vous vous marier ?

COLETTE

Voilà la première question intelligente que vous ayez posée depuis pas mal de temps ! Je veux me marier avec un jeune homme...

LA BARONNE

Naturellement.

COLETTE

Un jeune homme pauvre...

LA BARONNE

Elle est folle !

COLETTE

Pauvre, mais honnête...

LA BARONNE

Honnête ! Même pas d'avenir ! C'est effrayant !

COLETTE

Pas d'avenir ? Vous tombez mal ! Vous nous avez dit vous-même qu'il en avait un... merveilleux !

LA BARONNE

Je le connais ?

COLETTE

C'est monsieur André Sartène.

LA BARONNE

Monsieur Sartène ?... Non ! Vous voulez épouser le peintre ?

COLETTE

Je veux épouser le peintre... Il m'aime, nous nous aimons... et, depuis l'arrivée du Vidame, nous nous sommes juré d'être l'un à l'autre.

LA BARONNE

Oui ?... Eh bien, apprenez, ma petite, que ce monsieur André Sartène n'est pas un mari pour vous et que jamais votre papa ne consentira...

COLETTE, *d'un air faussement détaché*

Baronne, c'est très simple : si j'épouse André, vingt pour cent sur ma dot.

LA BARONNE, *à mi-voix*

Saprelotte ! (*Tout bas, très vite, en baissant les yeux*). Vingt pour cent, deux cent pour mille, deux mille pour dix mille, vingt mille pour cent mille... Oh ! la la ! la la !

(*Un petit silence*)

COLETTE

Alors, sincèrement, vous croyez que ce n'est pas un mari pour moi ?

LA BARONNE, *attendrie*

Ma mignonne, tout ce que je peux vous dire, c'est que votre franchise m'a émue... Je me sens toute retournée... Vous aimez un jeune artiste, il vous aime... Moi je ne vois que ça : les droits sacrés de l'amour !

COLETTE

Enfin, quoi, vous marchez ?

LA BARONNE, *noblement*

Je marche.

COLETTE

Vous ne me parlerez plus jamais du Vidame ?

LA BARONNE, *d'un ton léger*

Du Vidame ? Quel Vidame ?

COLETTE

Baronne, vous êtes très chic !

LA BARONNE

Je sais... je sais que je suis très chic... Mais la partie n'est pas gagnée ! Votre maman, la sainte femme, ce n'est pas elle qui est bien gênante : je lui ai vanté Kermadec, je lui expliquerai que je me suis trompée, que je voulais parler d'André... Elle sera tout à fait contente. Seulement je pense à votre papa... J'avais pris position, n'est-ce pas ? Si maintenant je tourne casaque, il se dira : " Tiens ! Tiens ! aurait-elle intérêt ? "... Il se tromperait, c'est entendu, il se tromperait... Mais enfin, je le connais, il se le dirait quand même... Ça n'avancerait pas nos affaires...

COLETTE

Evidemment. Et alors ?

LA BARONNE

Alors, en bonne politique, il faudrait trouver quelqu'un qui ait de l'influence sur lui... beaucoup d'influence... (*Entrent Mézaize et Nane ; — dans un léger cri d'illumination*). Ah ! (*A mi-voix, à Colette* Embrassez-moi, mignonne ! Vous l'aurez, votre André !

COLETTE

Oh ! Baronne !

(*Elle se jette à son cou*)

LA BARONNE

Chère petite ! (*Avec émotion*). Ah ! que ça fait du bien... de faire le bien ! Vite, vite, allez, ma chérie, allez rejoindre votre maman... Je travaille pour vous.

COLETTE

Et moi, je vous adore !

(*Elle sort en lui envoyant un baiser*)

SCÈNE VIII

LA BARONNE, MÉZAIZE, NANE, *puis* ANDRÉ

NANE, *à Mézaize*

Cette petite Patarin me déplaît souverainement !

LA BARONNE, *allant à elle*

Ah ! que vous arrivez à propos, ma chère ! J'ai à vous demander un service extrêmement facile à rendre et... (*Souriant*)... et que vous me devez bien...

NANE

Mais... avec plaisir... De quoi s'agit-il ?

LA BARONNE

Voici : nous avons au château un jeune peintre, monsieur Sartène...

NANE

En effet. Et alors ?

LA BARONNE

Ce jeune peintre nous l'avons emmené, ou pour mieux dire enlevé, dans des circonstances assez singulières... qui, d'ailleurs, m'ont frappée tout de suite...

NANE

Je sais... les douze portraits... la grosse commande...

LA BARONNE

Ah ! Il vous a mise au courant ?

NANE

Oui, oui... tout à l'heure... On a un peu bavardé... Mézaize était là, du reste.

MÉZAIZE

J'étais là, du reste.

LA BARONNE

Bon, bon... Mais ce que vous ignorez probablement, c'est que la commande, faite, bien entendu par mademoiselle Patarin, c'est que la commande n'était qu'un prétexte...

NANE

Un prétexte ?

LA BARONNE,

Un simple prétexte, sous lequel se cachait la plus tendre idylle : ces enfants s'adorent !

NANE, *sursautant*

Qu'est-ce que vous dites ?

LA BARONNE

L'exacte vérité, ma chère.

MEZAIZE, *à part*

Elle a peut être tort de lui raconter ça.

NANE, *serrant les dents*

Bref, alors ?

LA BARONNE

Bref, alors, la grande affaire, c'est maintenant de prévenir en faveur d'André un père... hein, vous le connaissez !... Alors j'ai pensé à vous, ma petite Nane... Vous avez sur Patarin un ascendant considérable... Je compte sur vous ?

NANE, *avec quel sourire !*

Comptez sur moi.

LA BARONNE

A présent, ma chère, voici quelques détails sur André Sartène, encore ignoré de vous ce matin... (*Entre André*). D'ailleurs, le voilà ! Il vous les donnera lui-même... (*A André*). Mon cher enfant...

ANDRÉ

Baronne ?

LA BARONNE

Je vous laisse un instant avec madame Mézaize... Voyez en elle une amie... une grande amie : ouvrez-lui votre cœur... (*Sortant à part.*) Je suis très contente de moi !

SCÈNE IX

ANDRÉ, MÉZAIZE, NANE, *puis* Mme PATARIN

NANE, *allant à André, éclatant*

Mufle !

ANDRÉ

Comment ?

NANE

Espèce de mufle !

MÉZAIZE, *s'interposant*

Chère amie...

NANE

Foutez-moi la paix, Léon !

MÉZAIZE

Bien, chère amie...

NANE, *à André*

Je sais tout, tu entends, tout ! Cette pochetée de baronne m'a tout dit ! Elle a cru très fin de me charger de te faire mousser auprès du père ! Moi j'ai encaissé : je voulais tout savoir !

MÉZAIZE

Ah ! c'était pour ça ! Mon Dieu que les femmes sont rouées !

NANE, *à André*

Ah ! c'est du propre ! Ah ! c'est du beau ! La grosse commande, bobards et compagnie ! Tu visais la môme Patarin !

ANDRÉ, *protestant*

" La môme Patarin "... je t'en prie...

NANE

La môme Patarin, c'est-à-dire, ni plus ni moins, la fille de l'amant de ta maîtresse... Sais-tu ce que c'est que ça, mon cher ? C'est de l'inceste !

ANDRÉ

Ça n'a rien à voir avec de l'inceste ! Si tu étais madame Patarin, on pourrait peut-être à la rigueur...

MÉZAIZE, *conciliant*

Et encore !... Ce serait " l'Autre Danger ", ce ne serait même pas de l'inceste !

NANE

Foutez-la moi bien, Léon !

MÉZAIZE

Bon, chère amie...

NANE, *à André, violemment*

Alors, comme ça, tu ne nies pas ? Tu ne prends même pas la peine de nier ?

ANDRÉ

Mais si, je nie !... Enfin... sans nier, tu comprends... Il est peut être question... peut-être... d'un mariage... mais dans un avenir très lointain... Ce n'est encore qu'un projet vague...

NANE

Quoi « vague » ? Quoi « vague » ?

(Sifflement de Mézaize)

ANDRÉ

Attention ! Du monde !

(Entre Mme Patarin, suivie de Mézaize.)

Mme PATARIN

Mon ombrelle... J'ai dû la laisser dans un coin...

(Tout le monde s'empresse, à la recherche de l'ombrelle)

ANDRÉ

La voilà, madame.

Mme PATARIN, *très affectueuse et minaudière*

Merci, monsieur Sartène... Allons !... Allons, regardez-moi un peu... Ah ! vous n'osez pas... Vous souriez gauchement... Vous devinez que la baronne vient de me parler... Eh bien, oui, là !... Et rassurez-vous !... Je peux bien vous dire ça devant madame Mézaize en qui je sens poindre déjà une amie sincère et qui prendra, j'en suis sûre, sa part de notre joie : *(Nane sourit jaune avec des mouvements d'impatience que Mézaize, derrière elle, tâche de contenir.)* eh bien, même avant de savoir que vous étiez fou de Colette, j'éprouvais pour vous un secret penchant... Vous pouvez être certain que je vous appuierai de toutes mes forces (*Coquette*) qui, parfois, ne sont pas négligeables auprès de monsieur Patarin... Mais tout de même, entre nous, tout de même, ne vous montrez pas sipressé !... Votre Colette n'est pas sur le point de s'envoler, voyons ! (*A Nane*). Figurez-vous, madame, qu'il s'est mis dans la tête de se fiancer aujourd'hui même !...

NANE

Aujourd'hui même ! Mais alors, ce n'est plus de l'amour, c'est de la rage !

Mme PATARIN, *pouffant*

Qu'elle est amusante !... Ah ! ne me parlez pas de ces artistes !... Des fous !... Mais des fous si sympathiques ! Mais excusez-moi : je vais jusqu'à la roseraie... A tout à l'heure... (*A André*). A tout à l'heure, mon cher enfant... (*Elle sort*).

ANDRÉ

A tout à l'heure...

NANE, *élevant la voix de plus en plus*

Vas-y ! Mais vas-y donc : « A tout à l'heure,

belle-maman » ! Eh bien, eh bien, tu es du joli monde! Mais tu avais compté sans moi! Tu as eu tort, mon petit, parce que tu ne me connais pas! Je suis une loyale, moi! Tu serais venu me trouver loyalement, tu m'aurais dit : « Ma Nane, je vais te parler d'une façon loyale : je sens loyalement que j'aime ce ouistiti »... Je t'aurais répondu : « Tu as été loyal... L'amour, ça ne se commande pas, je te rends loyalement ta liberté »... Voilà, voilà ce que je t'aurais répondu !

ANDRÉ

Ah! bon!... Eh bien, alors, je te dis loyalement...

NANE

Ah! Trop tard! Tu t'es fichu de moi! Jamais, tu entends, jamais tu ne l'épouseras, ton ouistiti! Tiens! j'irais plutôt tout dire à Patarin!

MÉZAIZE, *la retenant*

Voyons, voyons, ce n'est pas sérieux! Songez à ma sit,.. à votre situation!

NANE

Ah! là, là! Pour un Patarin de perdu, dix de retrouvés! Y en a, cette saison, sur le pavé de Paris, des Patarins en dollars, en livres-sterling et en pesetas!

MÉZAIZE

Oui, mais ils n'auraient peut-être pas besoin de moi!

NANE

Ça, je m'en balance ! (*A André*. Alors, est-ce que tu le vois d'ici, ton futur beau-père, dis, tu le vois venir à toi en souriant : « Monsieur, vous m'avez fait cocu, très flatté, voici ma fille »...

ANDRÉ

Nane, tu ne feras pas ça !

MÉZAIZE

Vous ne ferez pas ça, Nane !

NANE

Je ne le ferai pas ? Eh bien, vous allez voir !... (*A André.*) Ou alors... va-t-en !

ANDRÉ

Comment ?

NANE

Va-t-en tout de suite !

MÉZAIZE

Oui, ça c'est une bonne idée !

NANE, *à André, avec volubilité*

Prends le train pour Paris ! Et le premier train, tu sais ! Je veux pas te revoir ici. T'as compris ?. Sinon c'est le pétard ! Allez, grouille, je te laisse ! Va faire tes bagages ! Et tu peux te dire que tu me dégoûtes !... (*A Mézaize.*) Vous venez, Léon ? (*Elle sort suivie de Mézaize.*)

SCÈNE X

ANDRÉ, *puis* LA BARONNE, *puis* COLETTE

(*André regarde un moment en silence la porte par où vient de disparaître cette personne orageuse, puis le public auquel il dédie les couplets autobiographiques que voici.*)

ANDRÉ

I

C'est une femme d'esprit qui l'a dit :
« Dieu ! que c'est bête, les hommes ! »
Ce jugement peut paraître hardi,
Mais le fait est que nous sommes
D'une grande fragilité
Dès qu'il s'agit de résister
Au sourire plein de douceur
De nos faibles sœurs...
Et moi, surtout,
Moi que le ciel fit tendre et doux,
On m'a toujours
Par les mamours...
J'ai beau décider
De n' plus m' laisser posséder,
Je suis poli,

Je m'amollis,
J'étais résolu...
La dame est là, c'est fichu,
J' n'y suis plus,
Car, du moment
Qu'on m' parle gentiment...
Ou rud'ment,
Vous n' savez pas quel effet
Ça me fait!
On m'a par les pleurs,
Par les cris du cœur,
Ou par la candeur,
Ou... par la terreur.
Je n'ai pas d'estomac!
On m'a!

II

Du bon jeune homme chéri des mamans,
Oh! déplorable exemplaire!
Me faudra-t-il écouter constamment
La peur que j'ai de déplaire?
Même à des gens dont, entre nous,
Je crois bien qu'au fond je me fous,
C'est idiot, j'éprouv' le désir
De faire plaisir...
Je suis un cas!

J'ai beau me dire : « On n' m'aura pas ! »
On m'a toujours
Par des mamours,
Des trucs à la noix
On m'a, on m'a tout's les fois :
Au restaurant,
Si le gérant,
Auguste vieillard,
Vient m'ordonner du caviar,
Du homard...
Pourquoi lutter
Et risquer d'attrister ?
J'ai pitié
Et je commande un repas
Que j' n'aim' pas...
Sans cesse je crains,
De fair' du chagrin,
J' cèd' ma plac' dans l'train,
J' caress' les bambins,
Je règle mes im-
Pôts au mois de Juin,
J' lis, jusqu'à la fin,
Les livr's de Bazin
Et j' pleure au cinéma...
On m'a ! !

(*Parlé*) : Allons... Allons faire nos paquets! (*Il va pour sortir*).

LA BARONNE, *entrant*

Ah! vous voilà, mon ami? Et alors? Cet entretien avec madame Mézaize... Lui avez-vous bien dépeint tout votre amour pour Colette? L'avez-vous émue? A-t-elle réagi?

ANDRÉ

Oui, pour ça, elle a réagi...

LA BARONNE

Ça ne me surprend pas : je l'avais préparée. (*A* (*Colette qui entre.* Mignonne, arrivez! Bonne nouvelle! Votre mère trouve monsieur Sartène exquis!...

COLETTE

Ah! tant mieux! Vous savez, André, que la baronne est avec nous?

ANDRÉ

Si je le sais!

LA BARONNE

Et maintenant, mes enfants, je vais m'attaquer à papa Patarin... (*Les regardant et s'attendrissant.*) Ah! quel joli couple ce sera! Je les vois déjà monter les marches de la Madeleine... Vous savez que nous aurons un évêque... Si si! Je veux que vous soyez bénis par un évêque! Vous verrez, je vous en trouverai un!... Je trouve tout, moi ! (*Elle sort.*) Je suis très contente de moi. (*A part.*).

SCÈNE XI

COLETTE, ANDRÉ

COLETTE, *joyeusement*

Allons, je crois que ça gaze !

ANDRÉ, *très troublé*

Oui, je crois que ça... malheureusement...

COLETTE

Malheureusement quoi ? Mais qu'est-ce qui se passe ? Vous en faites, une figure ! Quelque chose qui ne va pas ?...

ANDRÉ

Ah ! ma petite Colette... si vous saviez !... *(Humblement.)* Non... ça ne va pas. Tout à l'heure, n'est-ce pas, quand nous parlions de nos projets, je me suis laissé un peu griser... J'étais sincère, je ne pensais qu'à vous... et puis... il est arrivé... un événement imprévu... j'ai réfléchi.

COLETTE

Vous avez réfléchi ?

ANDRÉ

Oui.

COLETTE

C'est ça que vous appelez un événement imprévu ?

ANDRÉ

Oui, enfin... c'est-à-dire... Vous me connaissez, Colette... je suis un sensible, un imaginatif. Au moment de recopier cette lettre... que vous aviez eu l'extrême obligeance de me dicter... pour cette dame, j'ai eu soudain la vision... une vision d'une netteté intense : j'ai vu... par les yeux de l'imagination... cette dame recevant... cette lettre... qui était très adroitement rédigée, j'en conviens... mais qui risquait de lui porter un coup, n'est-ce pas?...

COLETTE

Mais enfin, elle vous tient donc bien à cœur, cette dame?

ANDRÉ

Oh! non! Elle ne me tient pas à... Elle... elle...

COLETTE

Elle vous tient, tout simplement... [(*geste vague d'André; avec ironie*). Elle est donc bien terrible?

ANDRÉ

Oh! non!... au contraire... c'est une créature très douce, très affectueuse...

COLETTE]

Qui est-ce? Allons, dites-moi qui c'est! Je veux?

ANDRÉ

Ne m'interrogez pas davantage, et laissez-moi partir...

COLETTE

Vous partez ?

ANDRÉ

Par le premier train, il le faut.

COLETTE

Pour aller la rejoindre ?...

ANDRÉ, *indigné*

Pour aller la rejoindre ?... Ah ! je vous jure bien...

COLETTE

Vous avez tort... une créature si douce, si affectueuse...

ANDRÉ, *stupéfait*

Elle ! Ah ? (*Se souvenant de ce qu'il vient de lui dire.*) Ah ! oui.

COLETTE

Oh ! mais rassurez-vous, je n'ai pas la moindre intention de vous retenir...

ANDRÉ

Oh ! je vous comprends... Du moment que j'ai été capable... vous devez vous dire que c'est que je ne vous aime pas assez... Naturellement, vous ne pouvez pas savoir... Et puis, ça vaut mieux... oui, il vaut mieux croire que je ne vous aimais pas assez... Dites-vous qu'au dernier moment, j'ai eu peur de bâtir un bonheur... sur les ruines d'un autre bonheur... Vous comprenez, Colette, j'ai voulu... Et puis... devant le mystère de l'avenir... et puis... voilà... je n'ai pas osé.

DUO-VALSE

I

ANDRÉ

Parfois le cœur hésite
Au seuil de l'inconnu...
Bah ! vous oublierez vite
    L'amant saugrenu
    Qui vous quitte !

COLETTE

Mon bel espoir ?... Fumée,
Qu'un souffle vient d'emporter !
Vous ne m'avez jamais aimée !

ANDRÉ

Je vous aimais...

COLETTE

Et vous partez !

ANDRÉ

    Malgré moi...
    Malgré moi...
    Mais je dois
    Me taire...

COLETTE

Malgré vous ?

ANDRÉ

Malgré moi...

COLETTE

Mais pourquoi
Ce mystère ?

ANDRÉ

Non, je crains de trahir, malgré moi,
Mon émoi...
Que vous dire de plus ? Cœur léger,
J'ai changé...
Dussiez-vous souffrir de ce triste aveu,
Il faut nous dire adieu !

II

COLETTE

Vous n'avez rien à craindre
Pour votre liberté !
A quoi bon vous contraindre ?
Partez, mais partez
Sans me plaindre !

ANDRÉ

En vos yeux qui m'évitent

Pourtant j'ai cru voir briller...
.... Une larme?

COLETTE, *s'efforçant de plaisanter*

Oh! toute petite!

ANDRÉ, *bouleversé*

Quoi, c'était donc vrai? Vous pleuriez...?

COLETTE

Malgré moi...
Car parfois
Malgré soi
L'on pleure...

ANDRÉ

Malgré vous?

COLETTE

Malgré moi...

ANDRÉ, *naïvement attendri*

Comme moi
Tout à l'heure!

COLETTE

Mais voyez je souris : n, i, ni,
C'est fini...
Voyez comme en un jour, sans retour,
Fuit l'amour!
Nous voilà, je crois, d'accord tous les deux :
Il faut nous dire adieu!

(Reprise du refrain à l'orchestre. Pantomime. Ils reprennent ensemble le dernier vers. André disparaît.)

SCÈNE XII

COLETTE, *seule*

Mais qui peut bien être cette femme? (*Elle s'assied devant la table; avisant des papiers*). Son brouillon!... Ah! il est bien temps!... Tiens! Il avait tout de même commencé à recopier... (*lisant*) « Ma petite Nanou »... (*Stupéfaite*) Ah! par exemple!... Nanou... mais c'est madame Mézaize!... Oh! comment n'ai-je pas deviné!...

(*Entre Patarin*)

SCÈNE XIII

PATARIN, COLETTE *puis* MÉZAIZE

PATARIN, *d'un ton brusque*

Ah! te voilà, toi! Qu'est-ce que me chante la baronne? Qu'est-ce que c'est que cette histoire? Tu es amoureuse du peintre? Toi, une Patarin!... Laisse-moi parler... Toi, une Patarin, qui n'as qu'un geste à faire pour devenir... (*hésitant*) vida... vida... vidamesse! Tu penses bien que je ne veux à aucun prix de ce mariage avec un homme de rien!

COLETTE

Neperds pas ton temps, papa : c'est l'homme de rien qui refuse ta fille.

PATARIN

Quoi ? Qu'est-ce que tu dis ? Il refuse ?...

COLETTE

Oui, papa. Il refuse ta fille... tout simplement.

PATARIN

Ah ! par exemple ! Celle-là est violente ! C'est lui qui a le toupet de... lorsque tu lui fais le grand honneur...

COLETTE

Hé oui, papa, c'est comme ça. Ça tombe bien, puisque tu ne veux pas de lui.

PATARIN

Naturellement, que je ne veux pas de lui ! Seulement, tu m'avoueras que c'est vexant, quand on ne veut pas de quelqu'un, justement de... de... Mais enfin la baronne me disait à l'instant...

COLETTE

Elle ne savait pas, la baronne... elle ne savait pas tout... Hélas !

PATARIN

« Hélas » ?... Tu as du chagrin ? (*Colette ne répond rien*). Beaucoup de chagrin ?

COLETTE

Ce n'est rien... ça passera, va.

PATARIN

Ah ça,... c'est le comble!... Un barbouilleur de quatre sous se permettrait de faire pleurer une jeune fille qui a dix millions de dot! Mais ce serait le monde renversé!... D'abord de quel droit te refuse-t-il?

COLETTE

Il a une liaison... une liaison sérieuse. Il vient de me l'avouer lui-même.

PATARIN

Oui? Eh bien, ma petite. notre amour-propre est en jeu! Je n'entends pas qu'il soit dit sur la place de Paris qu'un homme de rien a dédaigné ma fille : sa liaison, je m'en charge!

COLETTE

Rien à faire!... Elle le tient bien.

PATARIN

Sois tranquille, j'aurai des arguments.

COLETTE

Oh! ce n'est pas une grue, malheureusement.

PATARIN

Ah! ce n'est pas une... Au fait, je croyais que ta mère t'avait défendu d'employer ces expressions-là?

COLETTE

Oh! papa... dans un moment pareil...

PATARIN

Evidemment, dans un moment pareil... Ce n'est pas une grue ?

COLETTE

Non, papa, c'est une femme mariée, une femme du monde.

PATARIN, *éclairé*

Ah oui, oui, oui... Je suis au courant... C'est cette dame qui était dans son atelier lorsque... parfaitement... Oh ! ce n'est pas grave, tu sais, pas grave du tout... Ah ! là là ! Il s'en fiche pas mal, de sa femme mariée !

COLETTE

Il te l'a dit ?

PATARIN

Non, mais j'ai compris... à certains signes. Oui, elle était chez lui l'autre matin... le jour de mon petit vernissage intime... et je t'assure que... Tiens, il n'y avait pas dix minutes qu'elle était partie, qu'il était appelé au téléphone par... par une autre et il m'a suffi de l'écouter répondre à la seconde pour me rendre compte qu'il ne tenait pas beaucoup à la première.

COLETTE

Ah ?... Il avait l'air de tenir à la seconde ?

PATARIN, *arrangeant*

Mais non... pas davantage. Je te raconte ça pour te rassurer. Je te répète que je suis au courant.

COLETTE

Alors, si tu es au courant, tu dois bien te douter que du moment qu'elle l'a rejoint ici, c'est qu'elle était sûre de le reconquérir...

PATARIN

Qui ça, elle?

COLETTE

Mais... Madame Mézaize.

PATARIN, *interloqué*

Madame Mézaize?

COLETTE

Hé oui, papa! Je ne t'apprends rien, puisque tu es au courant.

PATARIN

Non... non... mais, pardon... la maîtresse de Sartène... c'est..?

COLETTE

C'est Madame Mézaize. Tu ne le savais pas?

PATARIN, *chancelant*

C'est une blague, n'est-ce pas?

COLETTE

Une blague? Tiens, voilà la lettre qu'il était en train de lui écrire, lorsqu'elle est survenue... Regarde, lis : « Ma petite Nanou... »

PATARIN

« Sa petite Nanou »!.. Oh! Oh! mais c'est épouvantable!... Mais alors je suis... je suis... je suis...

COLETTE

Qu'est-ce que tu es, papa?

PATARIN, *s'affaissant sur un siège*

Atterré... Je suis atterré!... Oh! le misérable!

COLETTE

Hein? Crois-tu!

PATARIN

Moi qui... moi qui... C'est bien simple... pour un peu je lui donnais ma fille!

COLETTE

Il n'est plus question de ça.

PATARIN

Ah! je comprends qu'il n'est plus question de ça!... Il est question... Il est question de lui casser la figure! Voilà de quoi il est question!

COLETTE

Oh! papa, je ne t'en demande pas tant.

PATARIN

Je te le promets tout de même... Un voyou qui... (*avec un rire de rage*). Et je regardais par la fenêtre... moi! On m'avait mis à la fenêtre!

COLETTE

A quelle fenêtre, papa?

PATARIN

Rien. C'est une expression toute faite... (*Entre Mézaize*). Ah! vous arrivez bien, vous!

MÉZAIZE, *gracieux*

N'est-ce pas?... C'est l'heure de déjeuner.

PATARIN

C'est l'heure d'éclater, Monsieur!

COLETTE *bas, à son père*

Prends garde, papa, voyons papa... c'est le mari!

PATARIN

Le mari?... Ah! oui, c'est vrai : c'est le mari... Va-t-en, mon enfant.

COLETTE

Tu ne vas pas l'avertir, au moins? Tu sais que ça ne se fait pas.

PATARIN

Je sais, je sais... Laisse-moi: ce que j'ai à lui dire ne regarde pas les petites filles...

COLETTE, *étonnée*

Ah! bien... (*Elle sort*).

SCÈNE XIV

PATARIN, MÉZAIZE, *puis* TOUS

PATARIN

A nous deux, Monsieur ! Vous saviez, naturellement, que Nane et le peintre...

MÉZAIZE

Que Nane et le peintre... quoi, Monsieur ?

PATARIN

Ne faites pas l'idiot... Et vous êtes leur complice, bien entendu ?

MÉZAIZE

Leur complice ?... Mais... j'ignore absolument de quoi il s'agit... Je crois deviner que vous avez des inquiétudes sur la fidélité de madame votre amie... Puis-je me permettre de vous assurer, monsieur, que je ne les partage pas et que les rapports de monsieur Sartène et de madame Mézaize m'ont paru, tout au contraire, empreints de la plus parfaite correction...

PATARIN *sarcastique*

Vraiment ?

MEZAIZE

Vraiment... Puis-je, en outre, vous demander la

permission d'aller me laver les mains ?... Oui, n'est-ce pas ?

PATARIN

Restez !... Je vous défends d'aller prévenir votre femme que je sais qu'elle me trompe !

MEZAIZE, *sourire forcé*

Décidément, c'est une idée fixe !

PATARIN, *hors de lui*

Ah ! et puis ne vous fichez pas de moi, surtout ! Si vous croyez que ça va se passer comme ça !

MEZAIZE

Mais je ne crois pas, Monsieur... je ne crois rien... Seulement, je vous préviens que voici nos dames...

FINAL

LA BARONNE, NANE, Mme PATARIN *entrant*

Mais quels sont ces cris ?
Qu'est-c' qui vous a pris
De faire un pareil tapage ?
En cueillant des fleurs,
Nous avons eu peur !
S'il vous plaît, mettez-nous à la page !

PATARIN, *d'une voix entrecoupée*

C' qui m'a pris ! J' vais vous l'apprendre !
Si je fais un tel esclandre,
C'est parc' que l'homme aux tableaux
S'est conduit comme un salaud !

Ensemble

LA BARONNE, NANE, Mme PATARIN

Un salaud ? Ce parfait ami
Quel crime a-t-il commis ?
Pour nous quel étonn'ment !
Un garçon si charmant
Peut-il en vérité
Montrer de la perversité ?

MEZAIZE

Pour moi nul étonn'ment :
Un garçon si charmant
Devait en vérité
Montrer quelque perversité !

PATARIN

Feignant l'amour
Il faisait la cour...

Mme PATARIN, LA BARONNE, NANE, MEZAIZE

Il faisait la cour ?

PATARIN

... A mon enfant,
Mais en la chauffant...

Mme PATARIN, LA BARONNE, NANE, MEZAIZE,

Mais en la chauffant ?

PATARIN

Ce Monsieur conservait sa maîtresse !

Mme PATARIN, LA BARONNE, NANE, MEZAIZE

Ya pas d' quoi mettre un père aux cent coups !

PATARIN, *imprudent*

Et sa maîtresse est ma... (*s'interrompant*).
Quell' détresse !...

Mme PATARIN, LA BARONNE, NANE, MEZAIZE

Sa quoi donc ? Il a l'air sens d'ssus-dessous !

Mme PATARIN, *intriguée*

Est ta ?

PATARIN, *pris de court*

Est ma ?...
Qu'est-c' que tu chant's là ?

Ensemble

Mme PATARIN

Tu disais : « Est ma...

LA BARONNE, NANE, MEZAIZE

Il a dit : » : Est ma...

PATARIN

Est ma... riée, oui !
N'est-ce pas inouï ?

LA BARONNE, Mme PATARIN, NANE, MEZAIZE

Non, c'n'est pas inouï !

PATARIN

J'vous répèt' qu'il est l'amant d'un' femme...

LA BARONNE, Mlle PATARIN, NANE, MEZAIZE

C'est l' contrair' qui, mon cher, s'rait infâme.

PATARIN

D'un' femm' qui n'est pas à lui !

Mme PATARIN

Il suffit !
Ce que fit
Ce jeune homme
N'est pas bien,
J'en conviens,
Mais en somme...

TOUS

« Mais en somme ... ?
Ah ! nous sommes
A vos lèvres suspendus :
Nous attendons vos attendus !

Mme PATARIN

Il est fort épris
De notre fille
Et notre famille
Lui sourit :

(*A Nane*).

Eh bien, chèr' Madame, il f'ra
Par a -

mour le gest' qu'il faudra :
Il rompra !

(*Entre Colette*).

COLETTE

Non, maman, inutile !
C'est fini !
Seul, un jeu trop futile
Nous avait réunis :
C'est un cœur qui loge en garni !

(*à sa mère, en confidence*)

Pens' donc, maman, que ce beau galant
Est l'amant...

Mme PATARIN

Est l'amant ?

COLETTE

D' madam' Mézaize, tout simplement !
Je viens de l'apprendre à l'instant...

Mme PATARIN *parlé*

Achille !...

(*Chanté, en confidence à son mari*). Je sais de qui c' méchant garnement
Est l'amant !

PATARIN

Ah ! vraiment ?

Mme PATARIN

D' madam' Mézaize, tout simplement!
Préviens la baronn' discrèt'ment.
(*Parlé*) Baronne !

PATARIN, *en confidence à la Baronne qui a répondu à l'appel de Mme Patarin ; chanté*

Ma femm' veut que j' vous dis' discrèt'ment
Que le peintre est l'amant
D' madam' Mézaize, tout simplement.

Mme PATARIN, *à la Baronne*

Il a mis ma fille au courant.

(*Pendant que les trois Patarin parlent de l'affaire à voix basse*)

LA BARONNE, *aux Mézaize*

Vous savez c' qu'ils racont'nt tous les trois?

MÉZAIZE

Ah! j' vous crois!
C'est l' coup droit!

LA BARONNE

Si j'avais su, moi, évidemment,
J'aurais agi tout autrement!

LES PATARIN

Ensemble
Sa conduite est scélérate,
Noir est son forfait!
Un affreux cynisme éclate

En ce qu'il a fait!
Impudente est sa complice,
Mais lui, oh! la la!
C'est un fanfaron du vice!
Ah! je l' retiens, celui-là!

LA BARONNE

C'est un piètre diplomate!
Songez qu'il pouvait
Faire sans que rien n'éclate
Tout ce qu'il a fait!
Imprudente est sa complice,
Mais lui, oh! la la!
Lui, c'est un parfait jocrisse!
Ah! je l' retiens, celui-là!

Ensemble

NANE ET MÉZAIZE

Son âme est peu délicate!
Jamais en effet,
Un amant discret ne r'late
Tout ce qu'il a fait!

NANE

Moi, que l'on sait sa complice,
J'ai peur, oh la! la!
Qu'on n' se priv' de mes services:
Ah! je l' retiens, c' t' idiot là!

MÉZAIZE

Ensemble

Moi l'époux en exercice,
J'ai peur, oh! la la!
Qu'on n' se priv' de mes services:
Ah! je l' retiens, c' t' idiot-là!

ANDRÉ, *paraissant, très gêné*

Je viens prendre congé...
Je me trouve obligé...
Sans qu' ça m' plaise...
De partir... ce matin...
Brusquement... je prends l' train...
D' midi seize...
J'ai des af...fair's en train...
Qui m'oblig'nt à prendr' le train:
Vous voyant tous ici,
J' vous dis au r'voir et merci...
Je prends l' train,
Sans entrain,
Mais il faut que j' prenn' le train...

COLETTE

Si c'est comm' ça,
Allez-vous en!

TOUS, *à André*

Et puis voilà!
Allez-vous en!

LA BARONNE

Vit' ! vit' ! vit' ! Fait's c' qu'on vous dit !

PATARIN

Monsieur, vous êtes un bandit !

ANDRÉ

Monsieur, ça m' surprend beaucoup...

LA BARONNE, *à Patarin*

Je vous en supplie, calmez-vous !

TOUS, *à Patarin*

Puisqu'il s'en va...

Ensemble

TOUS, *sauf Patarin*

Allez-vous en !

PATARIN, *à André*

Mauvais plaisant !

TOUS *à André, sauf Patarin*

On sort par là !

Ensemble

TOUS, *sauf Patarin à André*

Allez-vous-en !

PATARIN

Vil malfaisant !

TOUS, *à André*

Avez-vous compris ?

Ensemble

TOUS, *sauf Patarin à André*

Ces trois mots sont-ils suffisants
Pour vous exprimer mon mépris ?
Allez-vous en !

PATARIN, *à André*

Je n' trouv' pas de mots suffisants
Pour vous exprimer mon mépris
L' plus écrasant !

PATARIN

Et moi, et moi, je veux qu'il reste ! (*A André.*)
Nous avons un compte à régler !

(*D'une voix sourde*).

Monsieur, je sais tout !

ANDRÉ

Tout ?

PATARIN, *avec éclat*

Tout !

ANDRÉ

Peste !
Alors vous comprenez la raison de mon geste...

PATARIN

Restez, je veux vous étrangler !

ANDRÉ, *avec douceur*

Monsieur, vous êtes trop aimable !

Mais vous voyez — à l'unanimité
Moins une voix — l'on me déclare indésirable...
Alors, que voulez-vous, je n'ose résister
A ce flot d'amabilité...
C'est plus fort que moi : depuis mon enfance,
Quand on s'y prend bien, je suis sans défense !
On m'a toujours
Par les mamours
J'ai beau décider
De n' plus m' laisser posséder,
Lorsque je vois
Autour de moi,
Tant de doux regards
Me transpercer de tout's parts,
Moi, je pars...
Oui, quand j'entends
Tant d' brav's gens en mêm' temps
M' dir' :

TOUS

« Va-t-en » !

ANDRÉ

Vous voyez ce que je fais
Je m'en vais...
Dans l'express qui part
A midi un quart

Y a pas d' dining-car :
Tant pis !... je pars, car
On s'fout d' mon estomac,
On m'a !

|TOUS, *sauf André*

Allez toujours !
C'est un train lourd :
En vous dépêchant,
Vous pouvez, à travers champs,
Monter dedans,
C'est évident,
Mais par précaution,
Mieux vaut le prendre aux stations,
Attention !

ANDRÉ

Mill' fois merci
Pour ces renseign'ments si
Si précis !
J' les not'rai, croyez-le bien,
Si j'reviens...

TOUS LES AUTRES

Ce n' s'ra pas d'sitôt !

ANDRÉ

Ce n'sera pas d' sitôt...

TOUS LES AUTRES

Prenez vot' manteau...

ANDRÉ, *docile*

Je prends mon manteau...

TOUS LES AUTRES

Quittez le château...

ANDRÉ

Je quitt' le château...

TOUS LES AUTRES

Montez le coteau...

ANDRÉ

Je mont' le coteau...

TOUS LES AUTRES

Traversez l' plateau...

ANDRÉ

J' travers' le plateau...

TOUS LES AUTRES

La station est au-

ANDRÉ

La station est au-

TOUS LES AUTRES

-près d'un bois d'fouteaux...

ANDRÉ, *étonné*

-près d'un bois d'fouteaux...

TOUS LES AUTRES

Lisez l'écriteau...

ANDRÉ

J'lirai l'écriteau...

TOUS LES AUTRES

Qui s' trouv' sur un mat...
C'est là !... |

RIDEAU

TROISIÈME ACTE

Le décor du premier. Une grosse gerbe de roses dans un vase. Sur une table, du Madère et des biscuits. En sourdine, l'orchestre joue : " Allez-vous en ".

SCÈNE I

ANDRÉ, GERMAINE *puis* COLETTE

(*André vient d'arriver. Il se débarrasse de sa mallette, de son chapeau et de son pardessus de voyage entre les mains de Germaine. Il est d'une humeur de dogue*).

ANDRÉ, *poursuivant un monologue*

Oui!... Il est propre, le train de midi 16! Vingt-deux heures de voyage! Il n'a pas raté une station!! Je crois qu'on s'est arrêté à Vanves-Malakoff!

GERMAINE, *souriant*

Pourquoi que monsieur a pris celui-là?

ANDRÉ

J'étais pressé.

GERMAINE, *étonnée*

Alors, il aurait mieux fait de prendre le rapide.

ANDRÉ

Je n'étais pas pressé d'arriver, j'étais pressé de partir... ça n'a aucun rapport. (*Désignant les roses.*) Qu'est-ce que c'est que ça ?

GERMAINE

C'est des roses, monsieur... J'ai pensé que ça ferait plaisir à monsieur de trouver sa maison fleurie en rentrant.

ANDRÉ

C'est stupide, voyons ! Vous ne saviez pas que je rentrerais aujourd'hui.

GERMAINE, *sur le ton de l'évidence*

Ah ! ça... bien sûr, non... je ne pouvais pas savoir ! Monsieur avait dit qu'il serait absent pour un mois.

ANDRÉ

Ben, alors ?

GERMAINE

Alors... j'en ai acheté tout de même... pour le cas que monsieur reviendrait à l'improviste... Dans le doute, j'en mets tous les jours.

ANDRÉ

Ah! ça vous êtes folle! Vous fleurissez ma maison comme ça, tous les jours... à tout hasard?

GERMAINE

C'est ça : à tout hasard... Je cherchais le mot.

ANDRÉ, *dérouté*

Qui... enfin... portez ça dans ma chambre... et descendez m'acheter de quoi déjeuner : ce que vous voudrez, ça m'est égal.

GERMAINE

Mais, le déjeuner est prêt, monsieur...

ANDRÉ

Comment? Le déjeuner est prêt?

GERMAINE

Ben... n'est-ce pas, j'avais préparé... à tout hasard, comme dit monsieur....

ANDRÉ

Ah! ça, par exemple!.. Alors, si j'étais resté absent un mois, vous m'auriez préparé trente déjeuners et trente dîners pour le cas où je rentrerais à l'improviste?

GERMAINE

Oh! avec un monsieur comme monsieur, j'aime mieux tout prévoir... Alors, quand monsieur voudra se mettre à table, il n'aura qu'à sonner. (*Elle sort.*)

ANDRÉ

Cette fille est absurde... Mais elle a du cœur.... Évidemment elle a du cœur.. Mais elle est absurde... (*Philosophe*) Ah! ... est-ce que tous les gens qui ont du cœur...? |Est-ce que je ne suis pas absurde, moi? Moi, qui ne peux pas arriver à me délivrer du souvenir de... (*A l'orchestre, motif de " Gosse de riche "*) D'ailleurs, c'est une question de volonté, ça... Tous les psychologues vous le diront : « Avec de la volonté, on arrive à tout... même à en avoir. Pour ne plus penser à quelque chose, il faut commencer pas vouloir n'y plus penser »... Eh bien, je ne veux plus penser à Colette... c'est net! Je ne veux plus penser... je ne veux plus penser à... (*Il va et vient d'un pas énergique, s'arrête un instant devant une glace où il se regarde fièrement*)... Là!... Eh bien, je n'y pense plus... (*L'orchestre joue " Malgré moi ... "*). Enfin, j'y pense déjà beaucoup moins.| (*Il s'approche de la table*). Qu'est-ce que c'est que ça?... Un menu! Cette idiote a préparé un menu!! Complètement piquée, celle-là! (*S'asseyant et lisant*). « Jambon de Parme... Poulet cocotte... » (*La voix lui manque.*) [*A l'orchestre, le motif du " Bon dîner "*]. ... Je n'ai pas faim! (*Il se lève et arpente l'atelier nerveusement*). Et puis, cette solitude! Oh! je ne suis pas fait pour la solitude!... |Tout de même, ce que c'est que la vie! Hier, pas plus tard qu'hier, je me plaignais qu'il y eût plutôt trop de femmes autour de moi!

Et aujourd'hui...! Vivre sans elle ... Ce n'est pas possible!... Il faut que je la revoie... Il le faut!... (*Il va à son chevalet et commence à dessiner*). Ses yeux... la ligne du visage... son petit nez... les lèvres!... Et puis... oui... et puis... c'est ainsi qu'elle se coiffe... Ah! Colette... Colette chérie!

I

(*Il chante*)

ANDRÉ, *au portrait*

C'est toi!... Je t'évoquais et te voici,
Chère image de mon souci!
Reflet du petit être aux yeux moqueurs
Que je garde au fond de mon cœur!
Je me disais inconstant,
Mais en te quittant,
Pourtant,
J'ai failli, tant je souffrais,
Trahir mes regrets
Secrets!...
Je te livre, en mots ingénus,
Les aveux que j'ai retenus :
Toute ma tendresse,
Toute ma détresse!
Ombre pâle à qui je tends les bras,
Toi qui sais, tu *Lui* répéteras

Que celui qu'*Elle* avait cru léger
N'a pas changé...
Ah! redis ma peine
A l'enfant lointaine,
Et porte mon cœur à la tendre inhumaine,
Mon cœur brisé,
Dans un baiser!

II

Hélas!... Hélas, que me sert d'implorer
Un fantôme décoloré?
Déjà l'ardent arôme disparaît
De la rose qui m'enivrait!...
J'ai cru fixer à jamais
Les traits que j'aimais,
Oui, mais...
Mais où sont, fleurs de printemps,
Tes yeux consentants
D'antan?...
Ta voix fraîche comme un matin
Et ton rire... tout s'est éteint!...

COLETTE, *qui s'est glissée hors de la chambre jusque derrière le chevalet, d'abord invisible, puis paraissant aux yeux d'André.*

Non! l'enfant lointaine,
La tendre inhumaine

A pitié d'un si fervent amour
Et vous aime mieux qu'au premier jour...
Le bonheur que nous croyions perdu
Nous est rendu !

ANDRÉ

Est-ce un doux mirage ?
O vivante image...

Ensemble

Ah ! ne doute plus de la foi que t'engage
Mon cœur grisé
Dans un baiser !

COLETTE

Vous ne rêvez pas... C'est moi qui vous engage
Mon cœur grisé
Dans un baiser !

ANDRÉ, *parlé*

C'est vous ! C'est vous ! Ah ! Colette, quel bonheur !... Mais parlez, dites, je ne comprends pas ! Vous étiez donc ici ?...

COLETTE

Depuis une heure. Et comme j'ai eu raison de ne pas me montrer tout de suite ! J'y ai gagné une belle déclaration : c'est étonnant ce que vous savez me parler d'amour... quand je ne suis pas là.

ANDRÉ

Comment êtes-vous venue ?

COLETTE

Oh! ça, c'est toute une histoire! Vous pensez bien que pour me retrouver chez vous, après vous avoir... (*Baissant les yeux*) quitté...

ANDRÉ, *souriant*

Mettons « quitté »...

COLETTE

Mettons « quitté »... chez la baronne, il a dû se produire quelques petits incidents...

ANDRÉ, *vaguement inquiet*

Je m'en doute.

COLETTE

Ah! dans quel état vous aviez laissé la maison! Papa était dans une de ces fureurs après vous!... C'est que quand on fait quelque chose à sa fille, vous savez... il ne se connaît plus, papa!

ANDRÉ

Oui... j'ai vu qu'il avait pris la chose... très à cœur.

COLETTE

Oh! comme une offense personnelle. Quant à moi, j'étais folle de rage... La baronne me propose son éternel Vidame... Je m'écrie : « Amenez le Vidame » ! résolue à l'accepter les yeux fermés. Mais ce sourire ! Oh! si vous aviez vu ce sourire béat...

ANDRÉ

Ah!... Parce que vous aviez tout de même ouvert les yeux...

COLETTE

Une seconde : je n'ai pas pu y tenir... Oh! ce sourire, ç'a été décisif! Je lui ai demandé très gentiment : « Pardon Monsieur... est-ce que vous avez l'intention de sourire comme ça toute la vie? » Il m'a répondu : « Oui »... Alors je l'ai giflé, pour lui prouver que non!... Tableau! Le gentilhomme s'évanouit dans les bras de la baronne et, dominant le tumulte, papa me crie : « Mademoiselle, montez dans votre chambre et attendez-y mes ordres! »... Moi, quand on me parle sur ce ton-là... vous me connaissez, je ne marche pas! Surtout que mon cerveau avait marché lui...

ANDRÉ

Ah! Oui?

COLETTE

Mais oui... Puisque vous partiez et que votre Nane restait là, c'est que vous ne vous en alliez tout de même pas pour la rejoindre... Et je me suis brusquement rappelé... tout ce que vous ne m'aviez pas dit... et votre gêne... et tous vos « malgré vous »... J'ai compris que vous étiez lié par une promesse, mais qu'au fond, cette femme, vous ne l'aimiez pas tant que ça... vous ne l'aimiez peut-être pas du tout...

ANDRÉ

Ah ! Colette !...

COLETTE

Chut ! Chut ! Alors qu'est-ce que j'ai fait ? Au lieu de monter dans ma chambre, j'ai couru jusqu'au garage, j'ai sauté dans ma grosse Delage... et comme vous changiez deux ou trois fois de train pendant que je ne changeais pas d'auto, même avec la pause de la nuit, je vous ai devancé chez vous.

ANDRÉ

Ah ! Je comprends, maintenant ! Les roses, c'était vous !

COLETTE

C'était moi, les roses.

ANDRÉ

Et le menu tout préparé...

COLETTE

Celui du bon dîner qu'on fit ce soir-là...

ANDRÉ

Ah ! Colette !

COLETTE

Chut ! Chut ! J'étais émue tout de même... Je me disais : « Ma petite, tu fais une folie : s'il n'aime pas cette femme, est-ce que ça prouve qu'il t'aime » ?... Et puis... je vous ai entendu... Ah ! André ! J'ai cru que mon cœur fondait de joie! (*Se jetant dans ses bras*). Ah! je vous jure bien qu'à présent rien ne pourra plus nous séparer!

ANDRÉ

Chère petite Colette!... Mais... vos parents...

COLETTE

Tiens, c'est vrai!... Il y a mes parents... Stylo, please?

ANDRÉ

Voici. (*La voyant fureter sur la table*). Qu'est-ce que vous...?

COLETTE, *l'interrompant*

(*Prenant sur la table une feuille de papier*)... Télégramme... (*Appelant*) Germaine!

ANDRÉ

Vous savez le nom de ma femme de chambre?

COLETTE

Les roses, c'était moi... Le déjeuner, c'est elle...

GERMAINE, *entrant*

Mademoiselle m'a appelée?

COLETTE

Oui, Germaine : une dépêche à porter tout de suite.

GERMAINE

Bien, mademoiselle.

COLETTE, *rédigeant sa dépêche*

Vous avez ce qu'il faut pour le repas de ce soir ?

GERMAINE

Oui, mademoiselle.

COLETTE

Ah ! Pour la nuit : le lit de monsieur dans cette alcôve, le mien dans sa chambre...

GERMAINE

Très bien, mademoiselle.

ANDRÉ, *à Colette, surpris*

Votre lit... ?

COLETTE

Tiens ! Bien sûr : puisque vous m'enlevez, il faut pourtant bien que vous me couchiez quelque part... Oh ! je ne crains rien... Je sais que vous êtes un galant homme.

ANDRÉ, *très sincère*

N'en doutez pas, Colette. Je m'engage à vous respecter... aussi longtemps qu'il le faudra.

COLETTE

Oui... enfin espérons que ce ne sera pas trop longtemps tout de même ! Vous permettez que je fasse ma dépêche ?

ANDRÉ

Je vous en prie.

GERMAINE, *à André, tandis que Colette écrit*

Alors je vois que monsieur et mademoiselle se sont expliqués...

ANDRÉ

Oui, Germaine.

GERMAINE

Monsieur est heureux ?

ANDRÉ

Très heureux.

GERMAINE

Moi aussi.

COLETTE

Taisez-vous là-bas ! Ecoutez un peu ça : « Ou vous jamais me revoir ou moi marier André. Votre ou pas votre Colette suivant cas ». Ça va ?

ANDRÉ

Ça va très bien.

COLETTE

[C'est tout à fait petit nègre. Mais un télégramme qui ne serait pas en petit nègre, ça n'aurait pas l'air d'un télégramme sérieux...] Ah ! que j'ajoute : « Télégraphiez réponse bureau restant, Bois-Colombes », Bois-Colombes, c'est pour les dérouter... Voilà... Hop ! Germaine, à la poste !... Contenu confidentiel.

GERMAINE

Mademoiselle a vu si j'étais discrète.

COLETTE

[Germaine, je l'ai vu... Je vous prends à mon service.

GERMAINE

C'est que je suis à celui de monsieur...

COLETTE

Oui, mais monsieur passe au mien.

GERMAINE

Oh! alors, mademoiselle, c'est de bon cœur!]

COLETTE

Vous êtes une brave Germaine... Allez filez!

GERMAINE

Bien, mademoiselle. (*Elle sort*).

ANDRÉ

Comment croyez-vous que vos parents vont accueillir ce télégramme?

COLETTE

Admirablement, vous verrez : nous trouverons leur bénédiction demain au bureau de poste de Bois-Colombes.

GERMAINE

rentrant et tenant la porte fermée derrière elle.

Monsieur... C'est une dame qui demande monsieur.

ANDRÉ

Une dame ?... Quelle dame ?

GERMAINE

Madame Patarin.

COLETTE, *à mi-voix*

Maman !

VOIX DE Mme PATARIN

Ouvrez-moi, monsieur, ouvrez-moi, je vous en prie ! Ne laissez pas un cœur de mère sur le palier !

ANDRÉ, *à mi-voix, à Colette*

Qu'est-ce qu'il faut faire ?

COLETTE, *de même*

Ben... recevez-la. Mais pas un mot, hein ? Moi je passe à côté... et j'écoute...

ANDRÉ, *de même*

Mais elle a dû voir votre auto devant la maison ?

COLETTE, *de même*

Pensez-vous que j'ai stoppé en face de votre porte ?

(*Elle sort.*)

ANDRÉ, *à Germaine*

Faites entrer.

GERMAINE

Entrez, Madame.

(*Elle ouvre la porte, Mme Patarin se précipite, Germaine sort et ferme la porte.*)

SCÈNE II

ANDRÉ, Mme PATARIN, *puis* COLETTE

Mme PATARIN *entrant, avec autorité*

Ma fille est ici !

ANDRÉ, *très gêné*

Vous allez bien, Madame ?

Mme PATARIN

Ma fille est ici ! !

ANDRÉ

Non, Madame...

Mme PATARIN, *s'exaltant*

Elle est ici, je vous dis ! Il faut qu'elle soit ici ! Où voulez-vous qu'elle soit, si elle n'est pas ici ?

ANDRÉ, *de plus en plus troublé*

Mais Mad... Madame... je vous assure...

Mme PATARIN

Dieu soit loué ! Il se trouble, il bredouille ! Vite, mon bon ami, dites-moi la vérité ! Je ne viens pas pour vous l'enlever, votre Colette ! Au contraire !

COLETTE, *se montrant*

Alors, elle est là !

Mme PATARIN, *se jetant dans les bras de Colette*

Mon enfant !

COLETTE

Ma petite maman !

Mme PATARIN, *se jetant au cou d'André*

Vous aussi, André ! Parce que, vous savez, je vous appelle André ! Ah ! J'étais bien sûre qu'au fond vous n'aimiez qu'elle ! Mon cœur maternel ne s'y est pas trompé ! Ah ! quelle douce émotion ! J'en avais besoin... tant besoin !... Ah ! si vous saviez, mes enfants ! (*A André*). Q'est-ce qu'il y a là, sur la table ?

ANDRÉ

Des biscuits.

Mme PATARIN

Donnez-moi ces petits biscuits : je défaille... Ah ! mes enfants !... (*André lui tend le plateau de biscuits.*) Merci ! (*Aux deux*). C'est simplement épouvantable ! (*A André*). Ils sont exquis... (*Aux deux.*) Epouvantable !... Vous savez que je suis en route depuis hier ?

COLETTE

Dans laquelle ?

Mme PATARIN

Dans ma grosse Voisin.

COLETEE

Tu as failli me gratter.

Mme PATARIN (*avec satisfaction*)

Eugène est un si bon chauffeur ! Je lui avais dit :

« Eugène, si je crie, laissez-moi crier ». Il m'a laissée crier ! Mais je ne sais pas pourquoi je vous parle d'Eugène ! Je ne suis pas venue pour vous parler d'Eugène, mais pour vous dire toutes les horreurs...

COLETTE

Quelles horreurs, maman ?

Mme PATARIN

Tu venais de disparaître, on n'avait pas encore remarqué l'absence de ta grosse Delage... Moi, ta mère, affolée, je te cherchais partout dans le château... J'ouvre par hasard la porte de la chambre de madame Mézaize, et je reste clouée sur le seuil : ton père était là... et dans quel état !... en train de hurler à cette dame : « Vous m'avez fait cocu ! »...

COLETTE, *avec un léger cri*

Ah !... je comprends tout !

Mme PATARIN

Quoi ?

COLETTE, *à André*

Je comprends qu'il ait fumé, quand je suis venue lui révéler... (*Avec reproche*). Oh ! Vous !... Vous ne pouviez pas me prévenir ?

ANDRÉ

Moi, vous prévenir que votre père... ? Voyons, Colette !

COLETTE

C'est vrai ! (*A elle-même.*) Tout de même... pauvre papa !

Mme PATARIN, *sursautant*

« Pauvre papa » ? Comment, « pauvre papa » ?

COLETTE, *vivement*

Pardon, pardon, je veux dire : « Pauvre maman »!... Pauvre petite maman, va ! (*La câlinant.*) Pauvre cocotte !

Mme PATARIN

Hein, crois-tu !... Et que je vous raconte une autre chose extraordinaire ! Le mari de madame Mézaize, pendant que le mien vociférait, allait et venait, à pas rêveurs, devant la porte de la chambre !

ANDRÉ

Il est dur d'oreille, vous n'avez pas remarqué ?

Mme PATARIN

Dites qu'il est horriblement sourd, pour n'avoir rien entendu ! Mais qu'est-ce que tu penses, ma fille, de ce que ton père m'a fait ?... Vingt ans de ménage, vingt ans de fidélité.,. Dieu, que ces biscuits m'ont donné soif !

ANDRÉ

Un peu de Madère, madame ?

Mme PATARIN

Très volontiers... Oh ! Le misérable !... Je suis partie sans le revoir et ma décision est bien prise : je ne rentre plus à la maison !

COLETTE

Tu ne rentres plus ?...

Mme PATARIN

Non, ma chérie ! (*A André qui lui tend un verre de Madère*). Merci... (*Aux deux*). Je reste avec vous.

ANDRÉ

Ah ! Vous restez ?...

Mme PATARIN, *à André*

Soyez heureux, mon ami, vous n'avez pas enlevé que la fille : la mère est à vous, elle aussi !...

COLETTE, *à André*

Coup double.

ANDRÉ

C'est trop, madame, c'est trop...

Mme PATARIN

Non, non, c'est la moindre des choses !... Je divorce, vous vous épousez... J'espère que monsieur Patarin n'aura pas le front de s'opposer au mariage... Et même s'il s'y oppose, hein ?... Je viens de voir la vanité des unions légitimes...

COLETTE

Elle est déchaînée !

Mme PATARIN

Il faut vivre sa vie ! C'est bien simple, demain je me fais couper les cheveux ! Et voilà, nous vivrons à

Paris, tous les trois, affranchis de tout, en artistes !... A nous les folies de la Bohême ! Je me sens déjà une âme de grisette !... *(à André).* Dites, vous me ferez valser à Bullier ?

ANDRÉ

Vous êtes adorable, madame... Mais nous n'en sommes plus au temps des valses et des grisettes...

COLETTE

On va te mettre à la page, maman.

LA JAVA

I

COLETTE

Mortes les chansons
A Mimi Pinson !
On ressuscit'rait
Baud'lair qu'il chant'rait :
« Mon enfant, ma sœur,
Songe à la douceur
D' s'en aller guincher
Toute la nuit chez
Volterra ou Cornuché ! »

ANDRÉ

L' Gavroch' de Hugo
Débite un argot
Qui semble coco

Près d' celui d' Carco,
Le poèt' des Nuits
N'est plus aujourd'hui
L' Musset délirant
Cher à nos parents :

COLETTE

Non, c'est Monsieur Paul Morand!
Nénesse est roi,
Tout Paris se soumet à sa loi!
Fels et d'Uzès
Maint'nant prenn'nt le ton boul'vard Barbès!
Qui ne *javanavise*
Il n'est point de marquise
Et dans tous les salons,
On pivote au son
De l'accordéon...

ANDRÉ

Fouquièr's craignant
Qu'ses bostons n'paraiss'nt un peu gnangnan,
S'est avisé
D'réclamer des l'çons du Grand Frisé
Et les journaux racontent
Que Diaghilew remonte
Pour Karsava-
-Vina *l'Invavite à la Java !*

II

COLETTE

La Java vous va?
Va pour la Java!
Le rythme en est lent,
C'n'est pas essoufflant,
Il n'y faut qu' du chic
Mais, voilà le hic,
Ce chic positif
Des typ's nés natifs
De la zône des fortifs!

ANDRÉ

Dès l' premier accord,
On s' prend à bras l' corps
Et puis, nez à nez,
On s' met à tourner
A tout petits pas,
D'un air vagu'ment las,
Pleins de nonchaloir
Tout ça dans l'espoir
D' gratter les ceuss's du trottoir...

COLETTE

Pour dev'nir très
Parisien, l'on dit qu'en grand secret
Monsieur Herriot

La travaille avec Henri Béraud ;
Monsieur d' Clermont-Tonnerre
La demande à Nozière,
Qui, pour l'accordéon,
En fait un' chanson,
« D'après Crébillon » !

ANDRÉ, *enlaçant Madame Patarin*

Un, deux, trois, un !
Tant plus que vous avez l'air commun,
Tant plus qu' c'est beau,
C'est qu' vous javanez bien comme il faut !

ANDRÉ ET COLETTE

Sautillez en cadence
« Mon homm' » conduit la danse
Hip ! Hip ! Hurrah !
La Java, c'est le *Mec* plus ultra !

(*Danse d'André et de Colette*

Mme PATARIN, *parlé*

Ah ! la belle existence ! Ah ! la belle existence !

COLETTE, *à André*

Y a pas... Faut qu' ça s'arrange avec papa !

(*Coup de sonnette*)

Mme PATARIN

On a sonné ?

ANDRÉ

Oui, Madame.

COLETTE

Tiens, on a glissé une carte sous la porte...

ANDRÉ, *ramassant la carte et la lisant*

« Baronne Skatinkolowitz »...

Mme PATARIN

Par exemple!

ANDRÉ

Que dois-je faire?

Mme PATARIN

Il faut savoir pourquoi elle vient... Surtout ne lui dites pas que nous sommes là...

ANDRÉ

Si elle a vu votre voiture?

Mme PATARIN

Pensez-vous que je me suis fait arrêter devant chez vous!

COLETTE, *à André*

Telle fille, telle mère, voyons!

Mme PATARIN

Dites... Où peut-on se cacher?

COLETTE

Par ici, maman... Viens, je connais le chemin (*A André*) Délivrez-nous vite.

ANDRÉ

Tout de suite, Colette, tout de suite...

SCÈNE III

ANDRÉ, LA BARONNE, *puis* Mme PATARIN

(*André ouvre la porte; la baronne se précipite*).

LA BARONNE, *essoufflée*

Bonjour ! Colette n'est pas ici ?

ANDRÉ

Non, pas du tout, baronne... Pourquoi ?

LA BARONNE

Avec qui causiez-vous ?

ANDRÉ

Avec la femme de chambre. Mais vous semblez tout émue ?

LA BARONNE

Il y a de quoi ! C'est vrai, mon Dieu, vous ne savez rien ! Ah ! mon ami ! Une cascade de catastrophes ! Qu'est-ce qu'il y a sur la table ?

ANDRÉ

Du Madère.

LA BARONNE

Donnez-moi de ce Madère... J'étouffe... Telle que vous me voyez, je descends d'auto... J'ai monté vos cinq étages, mais je descends d'auto tout de même... (*Il lui tend un verre de Madère*) Merci... Ah ! quel voyage !

Je me suis, pour ainsi dire, accrochée à Patarin, au moment où il sautait dans sa grosse Hispano, en articulant sourdement des mots inarticulés... (*Buvant*) Agréable!... Bref, c'est bien simple: mon groupe d'invités vient de faire explosion! Colette, envolée!... Sa mère, disparue!... Nane, séparée de Patarin, après une scène épouvantable!... Quant à Mézaize, volatilisé dans la tourmente! Ah! Je la retiens, ma villégiature! Et moi qui ai refusé à Fernandez de le laisser entrer le 15 juillet!

ANDRÉ

Eh bien, vous pouvez maintenant l'y autoriser...

LA BARONNE

C'est fait, mon ami, c'est fait! Ah! Mais vous, par exemple! Comment! Vous êtes l'amant de Nane... et au lieu de me le dire gentiment...

ANDRÉ

D'habitude, ce ne sont pas des choses...

LA BARONNE

A moi, voyons!... J'ai gardé, dans ma vie, d'autres secrets, je vous en réponds! Vous connaissez suffisamment mon tact et ma délicatesse... Ce Madère m'a donné une faim...

ANDRÉ

Quelques biscuits?

LA BARONNE

Très volontiers (*Tandis qu'elle croque un biscuit, Mme Pa-*

tarin apparaît, bras croisés, l'air digne et sévère, s'avançant à pas comptés). Oh ! qu'est-ce que c'est ! ! Non ! ! Vous ! ! Vous ici, chère amie ?

Mme PATARIN, *noblement*

Parfaitement, baronne. Un galant chevalier (*Désignant André*)... monsieur... m'a prise sous sa protection... pour la vie.

LA BARONNE, *suffoquée*

Comment ! (*A André*). Comment !... Maintenant... c'est la mère ?

Mme PATARIN

Oui, baronne, oui... C'est aussi la mère !... Vous pouvez allez dire à monsieur Patarin, puisque vous êtes de son bord, que tout est fini entre moi et lui !

LA BARONNE

Voyons, chère amie, dans un pareil moment ? Imaginez un peu quelle est son inquiétude ! Il arrive chez lui : pas de Colette...

Mme PATARIN

Pas de Colette ? Eh bien, et moi ? Il n'a pas demandé après moi ?

LA BARONNE

Oh ! si ! Comment donc !... Il n'a même fait que çà ! Il disait tout le temps : « Où est-elle ?... Où est-elle ? ». Alors, j'ai pris sur moi, sans qu'il le sache, de venir ici à tout hasard, guidée par mon instinct de femme. Et mon instinct me guidait bien, puisque je vous ai rencontrée... (*D'un ton pressant*) Vous savez où est Colette ?

Mme PATARIN

Parfaitement, je le sais, mais ne vous le dirai pas ! Quand je pense !... Quand je pense que vous avez reçu, chez vous, la maîtresse de mon mari, sa maîtresse en titre ! Quand je pense qu'il m'a trompée sous le toit conjugal !

LA BARONNE, *souriante*

Ah ! Non... Pardon ! Là, je vous arrête... Pas conjugal, puisque c'était chez moi... (*A André*). N'est-ce pas, cher ami ?

ANDRÉ

Il me semble...

Mme PATARIN

Si fait, conjugal ! J'y étais !

LA BARONNE

Sur le toit ?

Mme PATARIN

Non, pas sur le toit : dessous ! Et puisque j'étais dessous, c'était un toit conjugal... N'est-ce pas André ?

ANDRÉ

Il me semble...

LA BARONNE, *à Mme Patarin, avec autorité*

Mais d'abord, ma chère, tout ça s'est passé entre gens du monde ! Alors un peu de savoir-vivre, n'est-ce pas ?... Un peu de savoir-vivre !

(*Elle chante.*)

I

On n' jug' pas les gens, chèr' madame,
Hommes ni femmes,
D'après c' qu' qu'ils font :
On les jug' c'est un vieil usage
D'ailleurs fort sage,
D'après c' qu'ils *sont*
Tous vos rois ont eu des maîtresses ;
Voyez avec quell' politesse
Plein' d'élégance,
Les rein's de France
A ces dam's ouvraient leurs salons !
Quand on est des gens du monde,
Ces chos's là, ça s'admet.
Vous voulez qu'on vous réponde
Que vous n' verrez jamais
Parmi tout's les femm's du monde
Qui vienn'nt chez vous,
La maîtress' de votre époux ! !
(*Parlé.*) C'est fou !

(*Chanté.*) Quand on est des gens (*ter*) du monde,
On n' doit pas marquer l'coup !

II

Que diable ! Il faut être plus souple !
Ah ! que de couples
Pratiquent l'art
De comprendre à d'mi-mot les choses !
Que de virtuoses
A cet égard !
Lorsqu'Ev' revint de sa visite
Chez le serpent, la chèr' petite
Tendit un' pomme
Au premier homme
Pour s'excuser d' rentrer en r'tard...
C'étaient les seul's gens du monde
Qu'il y eût à c' t'époque-là :
Loin d' faire un' scèn' furibonde,
Adam se régala...
Mais les exemples abondent
Et le bon goût
Veut qu'on n' dise rien du tout
(*Parlé.*) Du tout !
(*Chanté.*) Quand on est des gens (*ter*) du monde,
On n' doit pas marquer l' coup !

ANDRÉ, *parlé*

Mais naturellement, on ne doit pas marquer le coup!

Mme PATARIN

Oh! Je sens que vous cherchez à m'embobiner... (*On frappe à la porte.*) Qu'est-ce que c'est?

ANDRÉ

Quelqu'un qui frappe... Sans doute un fournisseur. (*Il va ouvrir. Mézaize paraît.*) Ah! non!

SCÈNE IV

LES MÊMES, MÉZAIZE

MÉZAIZE

Je vous salue bien, monsieur.

Mme PATARIN

Monsieur Mézaize!

LA BARONNE

Allons bon! Mézaize à présent!

ANDRÉ

Vous désirez, monsieur?

MÉZAIZE

Oh! monsieur, fort peu de chose... Je ne fais que passer... (*Saluant*) Baronne... Tiens, madame Patarin! Mes hommages...

Mme PATARIN, *bas, à la baronne*

Ah! mon Dieu, c'est la première fois qu'ils se retrouvent face à face depuis... Ça va être terrible!

LA BARONNE

Oui, oui... Il ne faut pas assister à ça... (*Haut*). Nous nous retirons, messieurs : nous ne voulons pas être indiscrètes.

MÉZAIZE

Oh! au point où nous en sommes !... (*Désignant Mme Patarin*)... Je sais que madame est au courant.

Mme PATARIN

De tout, hélas, de tout!... Pauvre monsieur Mézaize! Croyez que je compatis bien sincèrement. Mais du calme, je vous en conjure, du calme!

(*Cependant la baronne dédie à Mézaize, une pantomime discrète*).

MÉZAIZE

Oh! Inutile de me faire des signes, baronne!

LA BARONNE

Mais je ne vous fais aucun signe, monsieur.

MÉZAIZE, *avec un sourire amer, à André*

Il ne reste plus de gaffes à commettre, Dieu merci, et je ne suis venu ici que pour vous parler des trois mille francs qui me sont dûs par monsieur Pat...

(*La baronne se met à tousser avec force*).

ANDRÉ, *qui comprend*

Oui, oui... un autre jour... Je suis très pressé, je n'ai pas le temps aujourd'hui.

MÉZAIZE

Ah ! je vous en prie, ne me brusquez pas ! Je vous assure que je ne suis pas en état d'être brusqué ! J'ai déjà été suffisamment brutalisé par monsieur Patarin...

Mme PATARIN

Comment ? Monsieur Patarin s'est permis de vous brutaliser ?

MÉZAIZE

Cruellement, madame.

Mme PATARIN

Ça, c'est le comble !

MÉZAIZE

Mettez-vous à sa place comme je m'y suis mis... Oh ! je comprends les choses, madame... Qu'informé de la conduite de monsieur, il nous ait expédiés, Nane et moi, par l'express du soir, après nous avoir prodigué les marques de sa fureur, rien de plus légitime, je le reconnais...

Mme PATARIN, *à la baronne*

Ah ! mon Dieu... Cette ironie froide me fait mal... Pauvre homme !

MÉZAIZE

Ce que je ne saurais admettre, par exemple, c'est

d'être frustré des trois mille francs que je devais toucher à la livraison... (*La baronne renouvelle son accès de toux — contagieux, car André tousse aussi — et ses signaux*). Ah! vous ne me direz pas que vous ne me faites pas de signes...

LA BARONNE

Mais pas du tout ! Je me recoiffais.

MÉZAIZE

Ah! Je croyais... A la discrète allusion que je risquais à cette petite somme, monsieur Patarin a répondu : « Vous vous ferez régler par votre femme! »

Mme PATARIN

Par votre femme ?

MÉZAIZE

Inutile d'ajouter que celle que vous vous plaisez à appeler ma femme vient de m'envoyer faire fiche !

Mme PATARIN

Comment, celle que je me plais à appeler... ?

LA BARONNE, *à Mme Patarin*

C'est de l'ironie froide... (*Très haut, pour Mézaize, avec intensité*). Parce que... naturellement... monsieur Mézaize divorce.

MÉZAIZE

Je divorce... Oui, ça c'est drôle... Je divorce! (*Riant à Mme Patarin*). Elle est bien bonne! (*A André*).

Alors l'idée m'est venue de m'adresser à vous... De là ma visite... Je vous ai rendu service : vous vous rappelez ? (*Il siffle*) les Murmures de la Forêt...

Mme PATARIN, *(à la baronne)*

Qu'est-ce qu'il a ?

LA BARONNE

Rien... rien... Il fait l'oiseau... Pauvre homme !...

MÉZAIZE, *à André*

J'espère que vous aurez à cœur de prendre à votre charge le montant d'une dette qui, sans votre maladresse...

ANDRÉ

Oui, oui c'est entendu : demain... Je vous réglerai ça demain.

MÉZAIZE

En échange de quoi, toujours correct et distingué, je considère comme un devoir de vous rétrocéder, inclus en ce ballot, le complet havane que vous savez... Je ne l'ai mis qu'une fois : il vous sera facile de le faire ajuster à votre taille... (*A Mme Patarin*). Ma défroque de mari... de mari en location...

Mme PATARIN

De mari en location ?

LA BARONNE

Mais non, mais non ! Il ne sait pas ce qu'il raconte.

MÉZAIZE

Oh! ça, y a pas à dire, le coup était énorme!

Mme PATARIN

De « mari en location »! Vous n'êtes pas marié?

MÉZAIZE

A cette grue? Ah! madame, vous voulez rire!

Mme PATARIN

C'était une grue!... Ils n'étaient même pas mariés! Oh! Oh! Oh! (*Elle tombe assise*).

ANDRÉ

Là? Et voilà! Ah! Vous avez fait du beau!

MÉZAIZE

Elle ne savait donc pas?

LA BARONNE

Mais non, elle ne savait pas!

MÉZAIZE

Ah! c'est pour ça que...? (*Il reproduit les signes que lui faisait la baronne, puis gêné*). Eh bien... maintenant... elle sait.

LA BARONNE

Assez! Assez! Allez-vous-en! Vous êtes un idiot doublé d'un grotesque!

MÉZAIZE

Baronne, ne me brusquez pas.

ANDRÉ

Ça va, Monsieur, sortez!

MÉZAIZE

Pardon... un renseignement... un simple renseignement... (*Sortant une enveloppe de sa poche*) : *Mademoiselle* Nane m'a prié de jeter à la poste cette lettre pour monsieur Patarin... Où dois-je la lui adresser?

Mme PATARIN

Donnez-la-moi : je me charge de la remettre...

MÉZAIZE

Voici, madame.

Mme PATARIN

... A mon avocat : il en fera son affaire.

MÉZAIZE *en connaisseur*

Ah! Très fin... Je m'y suis laissé prendre.

LA BARONNE

Oh! celui-là!...

MÉZAIZE, *à André*

Alors... les trois mille francs, demain, sans faute?

ANDRÉ, *menaçant*

Voulez-vous mon pied quelque part tout de suite?

MÉZAIZE

Ah? C'est changé? Bien... bien... n'en parlons plus... (*Et tandis qu'André, agressif, tient la porte ouverte*). Mais je remporte le complet. (*Il se saisit du ballot, puis très digne*). Mesdames, à l'avantage... (*Il sort en vitesse*).

SCÈNE V

LES MÊMES, COLETTE

Mme PATARIN, *hors d'elle-même, appelant*

Colette ! Colette !

VOIX DE COLETTE

Voilà, maman ! (*Elle entre*).

LA BARONNE

Mais c'est la mignonne !

COLETTE

Oui, baronne. (*A sa mère*). Tu sais, si tu tiens à me cacher t'as peut-être tort de m'appeler...

Mme PATARIN

Ah ! ma fille ! Ç'a été plus fort que moi ! Ton père !... (*Sonnerie du téléphone.*)

ANDRÉ

Le téléphone...

COLETTE, *qui se trouve près de l'appareil prenant le récepteur, changeant sa voix.*

Allo !... C'est ici, Monsieur... C'est la femme de chambre... Je vais voir Monsieur, ne quittez pas... (*A la baronne*). C'est pour vous, baronne : un Anglais.

LA BARONNE

Un Anglais ? Je sais qui c'est.

COLETTE

Moi aussi : c'est papa.

LA BARONNE *à part*

Zut !

Mlle PATARIN

C'est ton père ? Comment, ton père ?

COLETTE

Il a pris l'accent anglais mais il a conservé l'autre.

LA BARONNE, *à Colette, lui prenant le récepteur*

Vous permettez ?

Mlle PATARIN, *prenant le récepteur à la baronne*

Pardon baronne !... (*d'un ton décidé*). A nous deux ! (*Téléphonant et imitant la voix prise par Colette*). Allo, monsieur... C'est toujours la femme de chambre... La baronne est venue en effet... mais elle n'a pas été reçue.

LA BARONNE

Qu'est-ce que vous dites ?

Mlle PATARIN, *téléphonant*

Non, monsieur... Monsieur Sartène n'est pas à Paris... Tout ce que je peux vous dire c'est que l'atelier est occupé par madame Patarin... Pa-ta-rin, c'est ça, monsieur.

(*Elle raccroche*)

LA BARONNE *protestant*

Vraiment, chère amie...

Mme PATARIN

Quoi, Baronne ? Monsieur Patarin téléphone, j'ai bien le droit de prendre l'appareil... D'ailleurs comment se fait-il qu'il vous appelle, puisque vous êtes venue à son insu ?

LA BARONNE

J'ai peut-être laissé échapper un petit mot révélateur... Qu'est-ce que vous comptez faire ?

Mme PATARIN

D'où appelait-il ?

LA BARONNE, *penaude*

D'un petit café... à deux pas d'ici.... Il est si anxieux d'avoir des nouvelles ! Oh ! Il va s'amener !

Mme PATARIN

Ça, je m'en doute !

(*Coup de sonnette*)

COLETTE

Eh bien, il est monté vite !

Mme PATARIN

Allez-vous-en tous, je vais le recevoir.

LA BARONNE

Comment, chère amie ?

Mme PATARIN, *d'un ton sans réplique*

Je vais le recevoir !

COLETTE

Sois généreuse...

ANDRÉ

Un peu de clémence...

LA BARONNE

Ayez une âme...

Mme PATARIN

Ça dépendra.

(*Ils sortent. Elle va ouvrir*)

SCÈNE VI

PATARIN, Mme PATARIN

PATARIN

Toi, Suzanne ! Toi, ici, dans la maison, de mon plus mortel ennemi ! Ah ! ne nie pas !... J'ai reconnu ta voix au téléphone ! D'ailleurs tu es là... c'est visible...

Mme PATARIN

Est-ce que je me cache ? Et que signifient ces accents indignés ? Je n'ai pas de comptes à vous rendre ! Tout est fini entre nous. Par votre faute, Achille !

PATARIN

Oui, oui... Où est Colette ?

Mme PATARIN

Par votre faute, Achille ! Apprenez que j'ai entendu votre scène à madame Mézaize...

PATARIN

Où est Colette ? Tu sais où est Colette ?

Mme PATARIN

Oui, je le sais.

PATARIN

Ah ! merci, mon Dieu ! je respire !

Mme PATARIN

Mais vous, vous ne le saurez pas !... Par votre faute, Achille...

PATARIN

J'ai été très coupable envers toi, j'en conviens... où est Colette ?

Mme PATARIN

En lieu sûr. Et vous ne la reverrez jamais ! Je ne veux plus qu'il y ait le moindre contact entre cette chaste enfant et un père débauché !

PATARIN

Oui, Suzanne... je te demande pardon... je te demande humblement pardon... Tu sais ce que c'est : une femme du monde, coquette, un peu légère... Je n'ai pas su résister... Voyons, tu es intelligente... Dis-moi que tu me pardonnes ?

Mme PATARIN

Inutile... Je n'ai plus à vous pardonner... Dieu merci, je me suis vengée !

PATARIN

Tu t'es vengée ? Comment ça ?

Mme PATARIN

Ignorez-vous de quelle façon se vengent les épouses trahies ?

PATARIN

Non, non, mais enfin, toi...

Mme PATARIN

Quoi... enfin moi ?

PATARIN

Tu es une honnête femme...

Mme PATARIN

Une honnête femme ! Je l'étais... Ah ! ah ! Vous me croyiez sans doute en train de pleurer votre infidélité dans quelque retraite solitaire et déserte... Eh bien, vous voyez où vous me retrouvez, moi, l'honnête femme : dans un atelier d'artiste et le sourire aux lèvres ! Œil pour œil, dent pour dent, mon cher ! *Il* sort d'ici... et je suis à peine recoiffée.

PATARIN

Il sort d'ici ? Qui ça ?

Mme PATARIN, *les yeux baissés*

Léon.

PATARIN

Léon ?... Oui, tu te moques de moi... Oh ! je l'ai bien mérité, va !... (*à part*) « Léon » !... Pauvre mignonne ! (*à sa femme.*) Léon qui ? Allez... Va... Le nom de cet homme ?

Mme PATARIN

Léon Mézaize.

PATARIN, *frappé*

Léon Mézaize ! !... Ah ! ça... C'est qu'il en est bien capable, celui-là !

Mme PATARIN

Ah ! Ah ! tu cesses de crâner... Oui, mon ami, Léon Mézaize !

PATARIN

Ah ! ça ! Ah ! ça !... Mais tu es folle !... Mais sais-tu ce que c'est que ce monsieur Mézaize ?

Mme PATARIN

Le mari de madame Mézaize.

PATARIN

Parbleu, il te l'a dit !... Et tu l'as cru !

Mme PATARIN

Comment ?... Ce n'est pas le mari... ?

PATARIN, *l'interrompant*

Lui !... Un homme à qui j'ai donné six mille francs pour en avoir l'air...

Mme PATARIN, *l'interrompant*

N'exagère pas : trois mille. Tu lui redois trois mille francs.

PATARIN

Hein ?... Ah ! Tu étais au courant ?...

Mme PATARIN

Jamais il ne s'est rien passé entre cet individu et moi... J'ai voulu tout simplement te faire avouer ton infamie...

PATARIN

Eh ! bien, tu vois, je te l'ai avouée tout de suite...

Mme PATARIN

Avec une grue ! Tu n'as pas honte !

PATARIN

Mais puisque je t'ai avoué...

Mme PATARIN

Sans compter qu'elle se fichait joliment de toi !

PATARIN

Je sais... Oh ! Je sais... Un hasard fatal : il a fallu qu'avant de partir elle rencontre ce jeune peintre... qu'elle le retrouve justement là-bas... et elle a cédé à une sorte de vertige... La baronne m'a expliqué...

Mme PATARIN

Jobard, va !

PATARIN

Oh ! mais, sois tranquille !... Elle pourrait me supplier... se traîner à mes genoux : fini, c'est fini !

Mme PATARIN

Tu es sûr de toi ?

PATARIN

Un granit, Suzanne, un granit !

Mme PATARIN

Nous allons voir ! (*Lui tendant la lettre remise par Mézaize*). Tiens, prends ça, prends vite... je ne veux pas me salir les doigts...

PATARIN

Qu'est-ce que c'est ?

Mme PATARIN

Une lettre de mademoiselle Nane, que Mézaize m'a remise pour toi.

PATARIN, *prenant la lettre*

Il te l'a remise à toi, pour moi ?

Mme PATARIN

A moi... pour toi.

PATARIN, *à part*

Quelle andouille ! (*La lettre en mains*). Des excuses, des supplications !... Il est bien temps !... (*Ouvrant*). Hein ?... (*Lisant*). « Je tiens à ce que tu saches bien... que du premier jour »... *Ses lèvres articulent à la muette : « ... Tu as été cocu*). » (*S'interrompant*). Oh ! Ça datait du premier jour ! Sais-tu ce que c'est que ça ?... La flèche du Parc !... Elle m'envoie la flèche du Parc !...

(*Il chante*).

PATARIN

I

C'en est trop et ma rage éclate :
Cette enfant en qui j'avais foi,
Non contente d'être une ingrate,
Se permet de rire de moi !
Ah ! songer qu'à cette gredine
J'ai tout sacrifié...
(Prenant Mme Patarin à témoin).
... Même toi !
Et qu'elle os' s'offrir ma bobine
En des termes si peu courtois !
Ce qu'elle m'apprend
Est effarant !
Je suis cocu... moi ! moi !
Depuis six mois !
Tiens vois !
(Remettant la lettre à Mme Patarin).
A ton mari
Regard' ce qu'elle écrit !
Tous les détails y sont,
C'est à donner l'frisson !
Si tu savais
Pour ell' ce que j'ai fait !
Qu'est-c' que tu penses

De c' t'impudence ?
M'écrire à moi
Qu' je l' suis depuis six mois !
Quelle insolence ! !

Mme PATARIN, *doucement*

Eh bien, et moi ?
Le suis-j' moins qu' toi ?

PATARIN, *péremptoire*

J' te parl' pas d' toi,
Je te parle de moi !

II

Ne m'avoir pas été fidèle
Même un jour, crois-tu ! C'est trop fort !
Que faisais-je, hélas ! auprès d'elle ?
Ah ! j' te jur', j' sais c' que c'est qu' les r'mords !
De mon cœur, naguère en folie,
Va, je la bannis, je l'exclus...
Oublie-la comme je l'oublie
Et de grâc', ne m'en parle plus !
En v'là assez,
C'est du passé !

(*Effondré*).

Je suis cocu... moi ! Moi ! !
Depuis six mois !

Tu crois,
Ma pauvre enfant,
Que c' n'est pas suffisant
Pour m' fair' toucher du doigt
Tous mes torts envers toi... ?
N'ajoute rien
Puisque je te reviens,
Courbant l'épaule...
Ce n'est pas drôle
D'être berné...
Ah! tu peux m' pardonner!
Song' que l'beau rôle
Et le bon droit,
T'as tout pour toi...
Tandis que moi,
Moi, je n'ai plus que toi!!

Mme PATARIN, *parlé*

Oh! toi, tu sais trouver les mots qui persuadent! Enfin, je me laisserai peut-être aller à te pardonner, mais à une condition : ton consentement immédiat au mariage de Colette et d'André.

PATARIN

Oh! ça, jamais! C'est une question d'amour-propre! D'abord il y a Colette... (*Colette se montre un instant au fond*). Que penserait-elle de son père, Colette, si elle se doute... et elle doit se douter... Tu comprends, nous ne serions que nous trois à savoir... Mais il a dû tout raconter à Colette... Alors... de quoi aurais-je l'air vis-à-vis d'elle ?...

SCÈNE VII

PATARIN, Mme PATARIN, COLETTE

COLETTE, *entrant délibérément*

Tiens, papa.

PATARIN

Comment ? Colette est ici, elle aussi ?

COLETTE

Quelle bonne surprise, hein ?... Bonjour, mon petit papa.

(*Elle veut l'embrasser. Il se dégage*)

PATARIN, *grommelant*

Ton petit papa, ton petit papa... Je ne suis pas le « petit papa » d'une petite fille qui s'est permis de prendre la fuite, d'une petite révoltée !

COLETTE

Allons, allons... pas de grandes phrases : un beau geste ! « Sur ton cœur » et je te raconte quelque chose de sensationnel !

PATARIN

Parle. Je t'écoute.

COLETTE

Maman, veux-tu me faire l'amitié d'aller tenir compagnie, un instant, à la baronne ?

PATARIN

Ah ! la baronne est ici... ?

COLETTE

Oui, elle est ici, elle aussi... Deux minutes, maman... Je te le rends dans deux minutes.

(Elle pousse sa mère vers la porte de gauche).

SCÈNE VIII

PATARIN, COLETTE, *puis* ANDRÉ, *puis* Mme PATARIN *puis* LA BARONNE

COLETTE

Papa... Assieds-toi... *(Se posant sur les genoux de Patarin).* Là... merci... Tu n'as pas changé depuis hier : tu es toujours aussi confortable.

PATARIN

Oui, oui... dépêchons-nous.

COLETTE

Mon petit papa... tu connais les circonstances à la suite desquelles nous avons rompu, André et moi ?

PATARIN

Ah ! Tu parles... que je les connais !

COLETTE

Et, bien sûr... tu lui en veux encore de... ce qu'il m'a fait ?

PATARIN

De ce qu'il t'a... Oui... de ce qu'il t'a fait.

COLETTE

Oh ! que tu es mignon !... Ce que c'est gentil d'avoir pris le parti de ta fille avec une ardeur pareille ! (*Elle l'embrasse*). Seulement voilà... nous nous étions trompés, toi et moi... Jamais... tu entends, jamais André n'a été l'amant de madame Mézaize !

PATARIN

Qu'est-ce que tu chantes-là ?

COLETTE

Je viens de le lui faire avouer moi-même.

PATARIN

Ah ! oui ?

COLETTE

Oh ! ça n'a pas été tout seul ! Il s'est entêté... mais tu me connais : tu sais qu'on ne résiste pas à ta fille.

PATARIN

Mais enfin, quoi ? Qu'est-ce qu'il t'a avoué ?

COLETTE

Qu'il m'aimait... Qu'il m'aimait à la folie... et que

s'il s'était fait passer pour l'amant de cette dame, c'était... par amour pour moi... et par respect pour toi.

PATARIN

Par respect pour moi ?

COLETTE

Hé oui ! Il avait compris que tu ne voulais pas de lui... et que si tu refusais de me le laisser épouser... j'étais capable de lui demander de m'enlever... Oh ! je suis capable de tout, tu le sais bien, papa !... Alors, il s'est dit : « Je ne veux pas être la cause d'une catastrophe » et il a eu le courage d'imaginer... avec la complicité de madame Mézaize... cette histoire qui me détachait de lui à jamais... Oui, papa ! Il a mieux aimé se noircir à mes yeux que de les faire pleurer... Hein ? Crois-tu que c'est beau !

PATARIN

Le fait est que... c'est une histoire... étonnante.

COLETTE

N'est-ce pas ? Mais je veux qu'il te la raconte lui-même. (*Appelant*) André !

PATARIN

Ah ! il est ici... lui aussi ?

COLETTE (*souriant*)

Oui... lui aussi ; (*Parait André*) André... Je viens de dire toute la vérité à papa...

ANDRÉ, *saluant, très inquiet*

Monsieur...

PATARIN

Oui, elle vient de me dire...

ANDRÉ

Ah ! Elle vient de vous dire...?

COLETTE

Mais je veux qu'il la tienne de votre bouche...

ANDRÉ

Ah ! oui... la vérité...

COLETTE

Au sujet de madame Mézaize. (*Bas à André*). Dites comme moi : il fait semblant de marcher.

PATARIN, *généreux*

Allez, mon ami, allez, je ne demande qu'à vous croire. (*Bas à André*)... Elle a marché... merci...

ANDRÉ

Eh bien, voilà... Je...

COLETTE

Oui, voilà...

FINAL

I

Il savait l' parti qu' tu rêvais...

ANDRÉ

Je l' savais.

COLETTE

... Un gendre titré (*A André*). L'êtes-vous?

ANDRÉ

Pas du tout.

COLETTE

Alors, lui, pour me guérir
D'un amour sans avenir,
Fit semblant d'êtr' dans un cas
Où il n'était pas.
Et madam' Mézaiz' consentit,
— C'est gentil —
A te dire' la mêm' chos' que lui...

PATARIN

Oui, oui, oui...

COLETTE

L'un pour l'autre ils n'étaient rien
(*A André*) ... Est-ce vrai?

ANDRÉ

Vous l' savez bien.

COLETTE, *à André*

Expliquez-vous sans émoi.

ANDRÉ

Vous l' fait's bien mieux qu' moi.

COLETTE

Sa conduite
Insolite?

Mais tu sais.
Ce que c'est...
C'est un pieux mensonge,
Et voilà!
Songe, songe, songe,
Oui, songe, papa,
Que son geste, en somme,
Est charmant
Et qu'un galant homme
Qui, comme
Lui, sur ses sentiments
Ment,
Agit parfois très noblement!

PATARIN

Parbleu!
J'ai saisi, c'est miraculeux :
C'est un pieux mensonge...

ANDRÉ et COLETTE

C'est un pieux mensonge!

PATARIN, *à André*

N'insistez pas!
Mon gendre, dans mes bras!

(*Emouvant tableau que surprennent en entrant la Baronne et Mme Patarin.*)

II

Mme PATARIN

Ah! mon Dieu! Mon Dieu! Qu'est-c' que j' vois?

PATARIN

Toi, tais-toi!

Mme PATARIN

André dans les bras d' mon mari!!

PATARIN

J'ai compris :
Colett' m'a tout expliqué :
C'est un peu trop compliqué
Pour que je t'expliqu' le cas...

COLETTE, *à sa mère*

Tu n' comprendrais pas.

PATARIN

L'essentiel, c'est qu'ça s' termin' bien!

Mme PATARIN

J'en conviens.

LA BARONNE, *descendant en scène*

Et que j' touch' mon p'tit vingt pour cent.

PATARIN

J'y consens.

LA BARONNE, *au public*

Je m' demande en vérité
C' qu'ils ont pu lui raconter.

PATARIN, *désignant André*

Ce garçon est un héros !

ANDRÉ, *rougissant*

Oh! Monsieur, c'est trop!

PATARIN

Sa conduite
Insolite

TOUS

Oui, je sais
Ce que c'est :
C'est un pieux mensonge
Des plus « chic » !
Songe, songe, songe
Oui, songe, ô public,
A la grâce extrême
En effet
D'un tel stratagème !
Si même
Tu n'es pas satisfait,
Fais,
Comm' si tu l'étais tout à fait :
Bravo !
Nous savons tous ce que ça vaut :
C'est un pieux mensonge (*bis*)
Montre-toi chic,
A ton tour, cher public !

RIDEAU

IMPRIMERIE COLON
26, RUE DU DELTA - PARIS
TÉLÉPH. : TRUDAINE 28-07

EDITIONS FRANCIS SALABERT

Répertoire d'Opérettes en 3 actes

PHI-PHI
Livret de A. WILLEMETZ et F. SOLLAR
Musique de H. CHRISTINÉ

FLUP!
Livret de G. DUMESTRE
Musique de J. SZULC

TITIN
Livret de G. DUMESTRE et R. FERRÉOL
Musique de J. SZULC

DÉDÉ
Livret de ALBERT WILLEMETZ
Musique de H. CHRISTINÉ

LA DAME EN ROSE
Livret de LOUIS VERNEUIL
Musique de IVAN CARYLL

TA BOUCHE
Livret de YVES MIRANDE
Lyrics de ALBERT WILLEMETZ
Musique de MAURICE YVAIN

LA-HAUT
Livret de YVES MIRANDE
Lyrics de ALBERT WILLEMETZ
Musique de MAURICE YVAIN

MADAME
Texte de ALBERT WILLEMETZ
Musique de HENRI CHRISTINE

LE MARIAGE D'UN TARTARIN
Livret de F. LÉMON et G. LÉGLISE
Musique de H. GOUBLIER Fils

DU CŒUR AUX LÈVRES
Livret de XANROF
Musique de FRANCIS SALABERT

NONNETTE
Livret de ANDRÉ BARDE
Musique de CH. CUVILLIER

LE FRUIT DÉFENDU
Livret de R. NAZELLES
Musique de A. CHANTRIER

LES BAGATELLES DE LA PORTE
Livret de R. NAZELLES
Musique de A. CHANTRIER

MYRIA
Livret de R. NAZELLES
Musique de A. MAUPREY

L'AMOUR MASQUÉ
De SACHA GUITRY
Musique de A. MESSAGER

CIBOULETTE
Livret de R. DE FLERS et F. DE CROISSET
Musique de REYNALDO HAHN

LA DAME EN DÉCOLLETÉ
Livret de Y. MIRANDE et L. BOYER
Musique de MAURICE YVAIN

LE PETIT CHOC
Livret de P. L. FLERS - Musique de J. SZULC

EN CHEMYSE
Livret de ALBERT WILLEMETZ et CAMI
Musique de RAOUL MORETTI

GOSSE DE RICHE
Livret de J. BOUSQUET et H. FALK
Musique de MAURICE YVAIN

LE MILLION DU BOUIF
Livret de DE LA FOUCHARDIÈRE
Couplets de HUGUES DELORME
Musique de EDOUARD MATHÉ

BEBEL ET QUINQUIN
De JEAN BASTIA et PAUL CLOQUEMIN
Musique de ALBERT CHANTRIER

PRINCESSE CZARDAS
Livret de PETER et FALK
Musique de KALMAN

Opérette en 1 Acte

LA BLANCHE HERMINE
Livret de GEORGE DELAMARE
Musique de Edm. FILIPPUCCI

Pièces en 1 acte

LA TRISTE AVENTURE DE Mr CORNIQUET
De MM. RIP et BRIQUET

LA VENTOUSE
De MM. NANCEY et JEAN MANOUSSI

Imp. COLON, 26, rue du Delta, PARIS (9e).

www.ingramcontent.com/pod-product-compliance
Ingram Content Group UK Ltd.
Pitfield, Milton Keynes, MK11 3LW, UK
UKHW020546180726
13838UKWH00001B/73